D1677031

INGEBORG UND KARL-HEINZ RONECKER

Liebenswertes
JERUSALEM

Erfahrungen
jenseits von Haß und Gewalt

Mit einem Geleitwort
von Christoph Markschies

RADIUS

Ingeborg Ronecker, 1943 in Oppau geboren, studierte Pädagogik, Anglistik und Germanistik und arbeitete als Lehrerin und Pfarrfrau in Freiburg. Von 1991-2001 lebte sie in Jerusalem als Ehefrau des Propstes der dortigen Evangelischen Kirche.

Karl-Heinz Ronecker, 1936 in Karlsruhe geboren, studierte in Bethel, Göttingen und Heidelberg Evangelische Theologie. Anschließend Religionslehrer, Jugendpfarrer in Karlsruhe, Studentenpfarrer in Freiburg i. Br., Gemeindepfarrer und Dekan des Kirchenbezirks Freiburg i. Br. und von 1991-2001 Propst der Evangelischen Kirche in Jerusalem.

Seit ihrer Rückkehr leben Ingeborg und Karl-Heinz Ronecker in Kirchzarten bei Freiburg.

Von den Autoren liegen im Radius-Verlag folgende Bücher vor:
Ingeborg Ronecker
JerusalemJahre. Von Intifada zu Intifada
Ingeborg Ronecker (Hg):
Sprach-Los. Gedichte aus Jerusalem
Karl-Heinz Ronecker:
Friede sei in deinen Mauern. Jerusalemer Predigten

Wir danken Dörthe Kähler und Paul Schmitt für die technische Nachbereitung des Manuskriptes.

ISBN 978-3-87173-371-0
Copyright © 2007 by RADIUS-Verlag GmbH Stuttgart
Umschlag: André Baumeister
Gesamtherstellung: Clausen & Bosse, Leck
Printed in Germany

Geleitwort
von Christoph Markschies

Könnte man mit geschlossenen Augen lesen, so würden bei der Lektüre dieses Buches alle geliebten Bilder alsbald auftauchen: die goldene Kuppel des Felsendoms über den herrlich blauen Kacheln, das neue, abends beleuchtet funkelnde Kreuz über der Grabeskirche, die grün, hellblau und rot lackierten Wägelchen, auf denen Brot durch die Altstadt gefahren wird, das vielfarbene Rot des Himmels über der Wüste Juda beim Sonnenuntergang – und so vieles mehr, was Ingeborg und Karl-Heinz Ronecker in ihren Miniaturen so plastisch zeichnen, daß die Bilder sich sogar bei offenen Augen vor den Text und seine Buchstaben schieben, von den Gerüchen einmal gar nicht zu reden: verwirrend viele Gewürze im Basar, der Weihrauch in der Kirche der Dormitio-Abtei auf dem Zionsberg, das Pfefferminzblatt auf dem Tee.

Eigentlich müßte ich vor die Miniaturen der beiden Roneckers ein eigenes kleines Bild stellen und darin beschreiben, wie der Propst und seine Frau mir die liebenswerte Stadt liebenswerter gemacht haben. Da müßte ich dann davon erzählen, daß und wie inmitten einer hektischen Altstadt Erlöserkirche, Kreuzgang und Propstwohnung Heimat wurden bei den vielen Aufenthalten in Jerusalem seit 1995. Die Kirche nicht allein durch ihre von Egon Eiermann entworfenen Holzstühle mit dem schwarzen Lederbezug und die Schuke-Orgel, die einen in Berlin geborenen Theologen immer an die gleichfalls von Kaiser Wilhelm gestiftete Gedächtniskirche erinnern, in der es exakt dieselben Stühle und auch eine Orgel der Werkstatt von Karl Schuke gibt – nein, die Kirche vor allem durch die ebenso einfühlsamen wie theologisch präzisen Gottesdienste und Predigten von Karl-Heinz Ronecker, der Kreuzgang durch manche Gespräche beim Tee nach Gottesdienst, Konzert oder Vortrag und die Propstwohnung vor allem durch die vielen Mittagessen. Im Buch ist die Wohnung der beiden beschrieben: Küche, Eßzimmer, ein längliches Wohnzimmer. Immer, wenn ich eingeladen war, saßen um den Tisch des Eßzimmers interessante Gäste, gab es köstliches Essen und anregende Gespräche. In den beiden Jahren, die ich am Institut for Advanced Studies der Hebräischen Universität verbrachte, war auch das Essen besonders willkommen – da in einem Institut der Hebräischen Universität natürlich koscher gekocht werden muß, dies aber in einer kleinen Teeküche für über dreißig Fellows nur schlecht zuzubereiten ist, gab es eigentlich jeden Tag Lachs. Lachs in verschiedensten Varianten, aber eigentlich jeden Tag Lachs. Da habe ich die Varianzen aus der Küche von Ingeborg Ronecker besonders schätzen gelernt.

Eine der Geschichten, die hier erzählt werden, ist eine Wanderlegende. Als ich in den Jahren 1983/1984 in Jerusalem studierte, erzählte uns Studierenden Schalom Ben-Chorin auch die schöne Geschichte vom Professor Bergmann, der in New York für einen Engel gehalten wurde. Viel später wurde mir dann deutlich, daß Ben-Chorin über Samuel Hugo Bergmann geredet hatte, den ersten Direktor der Hebräischen National- und Universitätsbibliothek, in deren Lesesaal ich manchen Aufsatz und ein halbes Buch geschrieben habe, über den Philosophen Bergmann, der ab 1935 erster Präsident der Hebräischen Universität war und ein Freund von Martin Buber wie von Franz Kafka dazu. Bergmann, Buber und Gershom Scholem engagierten sich für einen binationalen Staat und den Ausgleich zwischen Juden und Arabern. Solche spannenden Zusammenhänge zwischen gestern und heute, zwischen dem Nahen Osten und Europa werden einem in Jerusalem erst nach einer gewissen Zeit klar, am Anfang stehen meist einfach nur verwirrend viele Eindrücke, Bilder, Gerüche und Töne. Als ich während meines Studiums in der Bibliothek der Jerusalem Rubin Academy of Music nach Noten für ein kleines Kammerensemble suchte, in dem ich mitspielte, war mir natürlich nicht klar, daß ich mich gerade im ehemaligen Wohnhaus von Salman Schocken befand. Anfangs der achtziger Jahre sagte mir dieser Name des einstigen Besitzers einer bekannten Warenhausgruppe in Deutschland, des Gründers eines berühmten Verlages und ersten Herausgebers der bis heute erscheinenden israelischen Tageszeitung Ha'artez noch herzlich wenig; die wunderbaren Bändchen aus der Bücherei des Schocken Verlages begann ich erst viel später zu sammeln. Als ich nach vielen Jahren wieder am nämlichen Haus vorbeiging, das wie ein durch göttliches Wunder aus Dessau, Weimar oder Berlin nach Jerusalem verpflanztes Bauhausgebäude wirkt, konnte man freilich keine Musik mehr aus den Fenstern hören: blinde Scheiben, Reste von Vorhängen, Gestrüpp im Vorgarten. So sorgfältig jeder antike Stein in der Altstadt Jerusalem konserviert wird, so rabiat geht man mit der Vergangenheit in der Neustadt um: viele alte Häuser – neben Schockens beispielsweise auch Gershom Scholems einstiges Wohnhaus – sind vom Abriß bedroht.

Abriß, Anschlag, Attacke – das liebenswerte Jerusalem hat häßliche Seiten. Als ich vor vielen Jahren das erste Mal nach Jerusalem reisen wollte, sahen das meine Eltern nicht gern. Da war gerade der frühere Assistent meines Vaters beim Spaziergang durch die nächtliche Altstadt aus dem Hinterhalt erschossen worden; die Tat wurde nie aufgeklärt. Viel Gewalt seitdem, wer länger in Jerusalem lebt, kennt die dumpfen Schläge und das Heulen der Sirenen von Polizei und Krankenwagen. Dann rufen alsbald die Freunde aus Europa an, um sich zu erkundigen und registrieren dankbar, daß man die Cafés in der German Colony und in Rehavia seit langem meidet. Oder sich jedenfalls fest vorgenommen hat, sie aus Sicherheitsgründen zu meiden. Ob man nun länger in Jerusalem lebt oder nur kurz zu Besuch ist – dem Terror und der Gewalt kann niemand ausweichen. Ganz zu schweigen von dem, was einem die arabischen Freunde von ihren Pressionen und Kümmernissen erzählen. Das Buch von Ingeborg und Karl-Heinz Ronecker verzuckert nicht, was in Jerusalem bitter aufstößt. Die Bilder der beiden sind nicht auf mildem Goldgrund gemalt, sondern mit bestechend präzisem Realismus. Liebenswert ist die Stadt vielleicht aber gerade deswegen, weil ihr Gesicht so gezeichnet ist von Schönheit und Häßlichkeit – mir fällt, wenn ich über diese Gleichzeitigkeit nachdenke, immer wieder das Gesicht Jesu von Nazareth ein, das auch von seiner besonderen Güte strahlt und doch durch die Schläge seiner Peiniger entstellt ist. »Herr, du weißt alle Dinge; du weißt, daß ich dich liebhabe.« (Joh 21,17)

Schalom Ben-Chorin, von dem in diesem Buch auch an anderen Stellen die Rede ist, pflegte gegenüber deutschen Einrichtungen sein Honorar mit einer herrlich altmodischen Formulierung einzufordern: »Für … Vorlesungsstunden à … Shekalim erlaube ich mir zu berechnen …« Könnte ich eine solche Rechnung noch einmal in die Hand nehmen, würde mich alsbald der Rauch der Zigarre umwehen, die er zu rauchen pflegte, und ich würde ihn von seiner Großmutter Mathilde Schlüsselblum aus Floß in der Oberpfalz erzählen hören und ihrem unvergeßlichen Satz: »Wie sich's christelt, so jüdelt sich's auch.« Mir sind bei der Lektüre des Buches von Ingeborg und Karl-Heinz Ronecker unendlich viele Bilder, Töne und Gerüche aus Jerusalem gegenwärtig geworden, und das wünsche ich auch allen anderen Lesern dieses eindrücklichen Buches über die liebenswerte Stadt Jerusalem.

Einleitung

Als ich Mitte der achtziger Jahre mit einer Gemeindegruppe zum ersten Mal in Jerusalem war, behauptete ich, Jerusalem sei nichts Besonderes, eine wachsende Großstadt wie viele andere, und nicht einmal besonders schön.

Das mag an unserem israelischen Reiseleiter gelegen haben, der aus Tel Aviv stammte und, so schien es, auf Jerusalem herabblickte. Natürlich liegt Jerusalem oben. Sie ist, wie die Bibel sagt, die Stadt auf dem Berge. Tel Aviv dagegen liegt am Meer. Für unseren Guide hörte die Kultur hinter der Grenze seiner Stadt auf. Für ihn war Jerusalem Provinz.

Nicht so für den Liftboy aus einem New Yorker Hotel, von dem uns der Rabbiner Schalom Ben-Chorin erzählte. Es ist, wie er bedauerte, nicht seine Geschichte, sondern die eines Professors von der Hebräischen Universität.

Bergmann, so hieß der Professor, kam mit dem Jungen ins Gespräch. Der fragte ihn, woher er komme. Bergmann antwortete wahrheitsgemäß: »Aus Jerusalem.« Der Junge mußte lachen: »Aber Jerusalem liegt doch im Himmel!«

Erst als der Professor seinen Paß zeigte, glaubte der Junge ihm. Er war überwältigt, küßte ihm die Hand und stammelte: »Then you must be an angel.«

Meines Erachtens gibt es in Jerusalem nicht weniger und nicht mehr Engel als anderswo. Die Stadt ist auch weit davon entfernt, dem himmlischen Jerusalem zu entsprechen, das die Bibel beschreibt. Doch die Sehnsucht danach ist lebendig bei vielen.

Im Ulpan, dem hebräischen Sprachunterricht, lernten wir das Lied von Naomi Schemer singen: »Jerusalem, Stadt von Gold, von Kupfer und lichtem Stein...«.

Hier klingt an, was auch für mich zu den eindrücklichsten Erfahrungen mit der Stadt gehört: Ich stehe an einem Sommerabend auf dem Ölberg und beobachte die Sonne, wie sie hinter den Mauern, Kirchtürmen und Minaretten untergeht. Da entspricht das Bild dem Lied ohne Einspruch, ohne Einschränkung. In einem solchen Augenblick glänzt und funkelt alles, und die Kuppel des Felsendoms hat tausendfach Konkurrenz. Ich sehe die Stadtmauer mit den Gräberfeldern davor, das verschlossene Tor, das sie das Goldene Tor nennen, durch das der Messias bei seiner Wiederkunft in die Stadt einziehen soll…

Den mächtigen viereckigen Turm der Erlöserkirche brauche ich nie zu suchen. Wie ein weißer Finger ragt er auch auf den meisten Photos und Postern aus der Mitte der Altstadt in den Himmel.

Es ist den Engländern zu verdanken, daß Jerusalem auch zu anderen Tageszeiten einheitlich wirkt. Während der britischen Mandatszeit wurde ein Gesetz erlassen, wonach alle Gebäude aus weißem Jerusalemstein zu bauen seien, oder zumindest mit ihm verkleidet sein müßten. Das gilt noch heute.

Etwas anderes, was Jerusalem so besonders sein läßt, hat nichts mit dem Tun und Lassen von Menschen zu tun. Es ist das einzigartige, fast überirdische Licht. Viele haben dieses Licht erlebt. Man kommt unweigerlich ins Schwärmen – auch auf die Gefahr hin, daß es kitschig klingt.

Angelika Schrobsdorff ist es gelungen, das zu vermeiden. Deshalb soll sie hier zu Wort kommen:

»Siehst du‹, sagte die Freundin mit ausgestrecktem Zeigefinger und klingender Stimme, ›da oben liegt Jerusalem…‹ Ich beugte mich weit vor und starrte durch die Windschutzscheibe in einen rosaroten, gold gesprenkelten Himmel, von dem sich scherenschnittartig die Konturen nackter Hügelrücken, buschiger Baumgruppen und einiger Gebäude abhoben. Nein, das war keine Stadt, das war ein Trugbild. Denn wie konnte ein Himmel solche Farben haben? Wie konnten Hügel schweben und eine Stadt einen

Heiligenschein aus magischem Licht tragen? Und wie konnte ich, die ich weder an übersinnliche Erscheinungen glaubte, noch von Naturerscheinungen über die Maßen ergriffen wurde, plötzlich Tränen in den Augen haben?

›Was ist das für ein phantastisches Licht?‹ fragte ich, ›Ist das immer so?‹ – ›Immer‹, sagte die Freundin mit Überzeugung...

Den Blick auf das rotgoldene, dem Himmel zuschwebende Jerusalem fixiert, schwieg ich, bis wir die Stadtgrenze erreicht hatten. Da, abrupt aus der Verzückung gerissen, entfuhr es mir: ›Um Himmelswillen, was ist denn das?‹ Ich zeigte auf einen hässlichen Wohnblock. ›Das ist ein Haus, oder hast du geglaubt, wir wohnten hier in Zelten?‹« (Merian 1990, S. 62/63)

Das ist noch heute so: Man kann sehr schnell auf den Boden der Realität zurückfallen.

Hatte ich nicht gesagt: »Eine Stadt wie jede andere und nicht einmal besonders schön«? Jerusalem ist, wie ich schnell merkte, eine Stadt der Extreme und Gegensätze, eine Stadt, in der noch immer Orient und Okzident aufeinanderprallen, wo sich Vertrautes und Fremdes, wo viele Kulturen sich mischen.

Besonders am Anfang unserer Zeit im Lande habe ich mich oft diesen Gegensätzen ausgesetzt, wenn ich zum Einkaufen in die Weststadt ging, ins säkulare Zentrum. Dort gab es alles, was ich brauchte, zu brauchen meinte. Erst etliche Monate später wurden diese Einkäufe seltener. Ich stellte fest, daß ich sehr vieles auch in der Altstadt finden konnte, und hörte mich eines Tages zu einer Besuchergruppe, die mich über das Leben in der Altstadt befragte, sagen: »Was ich hier nicht kaufen kann, das brauche ich auch nicht.«

Da war ich bereits zu Hause, angekommen in einer Welt, die nur entfernt der glich, die ich bei meinem ersten Besuch erlebt und mir vorgestellt hatte.

Das Zentrum unseres Jerusalems, das wir lieben gelernt haben, ist die Altstadt, all das, was von der osmanischen Stadtmauer aus dem 16. Jahrhundert umschlossen ist, und das, was man auf einem Rundgang auf dieser Mauer mit dem Blick einfangen kann: der Ölberg, der Zionsberg, ein Teil von Ost-Jerusalem mit vorwiegend arabischer Bevölkerung, der jüdische Stadtteil Yemin Moshe oberhalb des Hinomtales, wo früher der Sultansteich lag und wo heute im Sommer Konzerte stattfinden. Das ultra-orthodoxe Viertel Mea Shearim im Nordwesten der Altstadt gehört dazu, denn von dort strömen, vor allem zu Sabbatbeginn, ungezählte Familien, wie aus einer anderen Welt, zur Klagemauer zum Beten: die Männer in Kaftan und Pelzhut, mit Schläfenlocken und Bart, den Gebetsschal um die Schultern, das offene Gebetbuch in der Hand, die Frauen in knöchellangen Kleidern, mit Perücke oder die Haare im Kopftuch oder im Haarnetz verborgen, umgeben von einer Kinderschar wie die Orgelpfeifen, die in ihrer Aufmachung Kleinausgaben von Vater und Mutter sind.

Die Altstadt von Jerusalem ist klein, kaum mehr als ein Quadratkilometer, aber was sagt das schon? Am frühen Morgen, wenn die Händler ihre Waren noch nicht vor ihren Läden aufgestellt und ausgestellt haben, wenn die Touristen in ihren Hotels noch frühstücken, kann man ohne Probleme in zwanzig bis dreißig Minuten vom Damaskustor bis zum Dungtor laufen, das heißt, auf der Gasse, die von alters her, seit der Römerzeit, die Nord-Süd-Achse bildet. Ähnlich lang, aber ein bißchen im Zickzack-Kurs, läuft man vom Stephanstor zum Neuen Tor oder zum Jaffator.

Autos gibt es hier nur sehr wenige, nur die der Anlieger, die in der Nähe des Jaffatores wohnen oder beim Löwentor. Aber schon die wenigen schaffen es, die Gassen zu verstopfen und zum Ärgernis vieler zu werden.

Alles, was in die Altstadt hinein muß oder hinaus, muß auf andere Weise transportiert werden. Früher geschah das durch Esel und Kamele. Vor einem runden Jahrhundert, als »unsere« Erlöserkirche gebaut wurde, mußte alles Baumaterial auf Tierrücken transportiert werden, ebenso der Bauschutt, von dem es reichlich gab. Manchmal sieht man auch heute noch in einem Winkel oder an Häuserwänden große Stapel mit Säcken aus festem Plastikmaterial, gefüllt mit Sand oder Bruchsteinen, gerade so groß und schwer, daß ein Mann mit ihnen umgehen kann.

Längst nicht immer hat man die Reste von alten Gebäuden weggeräumt. Zerstörtes und Verfallenes wurde überbaut, so daß wohl jedes Fleckchen in der Altstadt von historischem Interesse ist. Im Cardo, der alten Römerstraße, haben Archäologen Schächte in die Tiefe gegraben: Dort kann man Schichten aus verschiedenen Jahrhunderten erkennen.

Mehr als 3000 Jahre ist Jerusalem alt. Viele Male ist die Altstadt zerstört und wiederaufgebaut worden. Spätestens seit David sie eroberte und zur Hauptstadt seines Königreiches machte, ist Jerusalem für das jüdische Volk religiöses Zentrum geworden. Hier stand der Tempel. Hierhin ging die Sehnsucht.

Für uns Christen ist Jerusalem der Ort des Anfangs. Er ist der Ort des Leidens und Sterbens Jesu und seiner Auferstehung. Hier begann das, was wir Kirche nennen.

Für die Muslime ist der ehemalige Tempelberg mit dem Felsendom und der Al-Aqsa-Moschee der heiligste Platz in Jerusalem, denn von hier aus soll Mohammed seine nächtliche Himmelsreise angetreten haben.

Es gibt wohl keine Stadt, die für den Glauben so vieler Menschen wichtiger ist. Doch das bringt nicht den Frieden, den alle ersehnen, sondern viel Konfliktstoff. Fast immer geht es um Besitz und Vormacht – wie in der Politik. *Das* macht Jerusalem nicht liebenswert.

Wenn wir heute zurückschauen auf unsere Jerusalemer Zeit, dann denken wir an politische Ereignisse. Wir denken an die heiligen Stätten, an Gebäude, Plätze, Ruinen. Die haben viele vor uns beschrieben – und besser, als wir es könnten. Immer wichtiger werden uns jedoch die Menschen, die dort zu Hause sind, unsere Begegnungen mit ihnen, die Erfahrungen und Situationen, die es so nur in Jerusalem geben konnte und die uns die Stadt unverwechselbar machen und liebenswert.

Wir lebten zwischen Sabbatsirene, Muezzin und Kirchenglocken. Es war ein Alltag mit Kindern, Händlern und Soldaten, mit Klerikern und Touristen. Regen ist in Jerusalem kein normales Alltagsgeschehen, Schnee erst recht nicht. Davon wollen wir erzählen: Es gibt ein Jerusalem, das weit entfernt ist von politischen Auseinandersetzungen, von Haß und Gewalt.

Wir wünschen uns, daß viele beim Lesen und Weitererzählen erfahren, wovon Martin Buber in seinen Erzählungen der Chassidim schreibt:

Man bat einen Rabbi, dessen Großvater ein Schüler des Baal Schem war, eine Geschichte zu erzählen. Eine Geschichte, sagte er, solle man so erzählen, daß sie selber Hilfe sei.

Und er erzählte: »Mein Großvater war lahm. Einmal bat man ihn, eine Geschichte von seinem Lehrer zu erzählen. Da erzählte er, wie der Baal Schem beim Beten zu hüpfen und zu tanzen pflegte. Mein Großvater stand auf und erzählte, und die Erzählung riß ihn so hin, daß er hüpfend und tanzend zu zeigen versuchte, wie der Meister es gemacht hatte. Von Stund an war er geheilt. – So soll man Geschichten erzählen...«

Ob uns das gelingt, ist fraglich. Aber wir erzählen aus vollem Herzen. Wir beginnen im Alltag, in den Gassen und Marktstraßen und fahren fort mit dem Erleben rund um die Erlöserkirche und die Gotteshäuser der anderen.

Durch Gitter

Meine erste Begegnung mit Jerusalem hängt unlöslich mit einem etwa Sechzehnjährigen und dessen weit jüngerem Begleiter zusammen.

Gerade zum Propst ernannt, besuchten meine Frau und ich am Pfingstfest Jerusalem, genauer gesagt: den dortigen ökumenischen Kirchentag. Es war Mittag. Wir standen im strahlenden Sonnenschein hinter dem Umfassungszaun der Dormitio und löffelten unsere Suppe. Eine Gruppe israelischer Jugendlicher kam vorbei. Einer blieb stehen. Er wollte wissen, woher wir kämen. Auf die Antwort »Aus Deutschland« zogen sich seine Mundwinkel nach unten, und er ging weiter. Der Golfkrieg mit der Furcht vor irakischen Raketenangriffen und dem Verdacht, Deutsche hätten bei der Herstellung des irakischen Giftgases geholfen, war noch in aller Bewußtsein.

Dann hielt der Junge plötzlich an. Offenbar arbeitete die Frage in ihm, wieso wir als Deutsche dennoch nach Jerusalem gekommen seien. Er hatte auch eine Lösung parat. »Bist du ein Jude?« wollte er wissen. Ich verneinte. Wieder überzog Enttäuschung sein Gesicht. Er ging davon. Der etwa Sieben- oder Achtjährige, der wie ein Planet alle seine Bewegungen mitgemacht hatte, trottete hinter ihm her.

Doch ein weiteres Mal hielt der Junge inne, kam zurück und wollte wissen: »Do you like Israel?«

Als ich ja sagte, kamen seine beiden Hände durchs Gitter und umschlossen die meinen. Der kleine Trabant aber ergriff die Hände meiner Frau, um sie zu drücken.

Mich hat dieses Erlebnis nachhaltig beeindruckt. Es hat mir in manchen schwierigen Augenblicken Mut gemacht. Denn hier hat einer seine Feindseligkeit und seine Enttäuschung nicht verborgen. Aber er hat nach einem guten Ausgang gesucht. Und sein Beispiel hat angesteckt.

Arabien

An den Toren zur Altstadt sind sie zu finden. Sie sind unentbehrlich und garantieren ihren Besitzern ein relativ sicheres Einkommen.

Arabien sind Transportfahrzeuge, die ich nirgends, außer in Jerusalem, gesehen habe. Es sind – meist grün gestrichene – Kästen, etwa 1,20 m lang, 50 cm breit und 60 cm tief. Sie bewegen sich auf drei Rädern, eines vorn, die beiden anderen hinten rechts und links. Ähnlich wie bei Schubkarren befinden sich hinten zwei Griffe. Die Bremse besteht aus einem mit Luft gefüllten Gummireifen, der an einer Kette oder an einem Seil hängt und beim Bergabfahren am Boden schleift. Um zu bremsen, springt der Mann, der das Gefährt handhabt, auf den Reifen.

Da diese Wagen nicht nur im kastenförmigen Laderaum befrachtet werden, sondern weit, weit in die Höhe, wird außerordentliche Geschicklichkeit von ihren Lenkern verlangt. Es werden ja neben Koffern der Touristen auch Flaschen, Milchprodukte und Eier befördert.

Am Ende von steilen Gassen haben Ladenbesitzer zuweilen Stop-Steine aufgestellt, um ihre Fensterscheiben und ihr Inventar vor Schaden zu bewahren. Selten kommt es vor, aber es geschieht, daß so eine Arabie in zu schnelles Tempo gerät und ihr Lenker die Gewalt über sie verliert. Dann gibt es lautes Geschrei. Alles springt zur Seite... Und am Ende gibt es zuweilen Eierbrei.

Umzug

Bis Jerusalem unser Zuhause wurde, waren wir schon einige Male umgezogen. Das war jeweils ein Ereignis gewesen, das nach klarem Muster ablief: Die Möbelpacker kamen, verstauten, was wir selbst noch nicht gepackt hatten, in Umzugskartons. Sie schraubten die Möbel auseinander und luden alles in den Möbelwagen. Stunden später war das Umzugsgut im neuen Zuhause. Wir packten aus und räumten ein, und innerhalb weniger Tage war dieses Unternehmen Vergangenheit.

Ein Umzug in die Altstadt von Jerusalem ist dagegen eine spannende Sache. Zunächst warteten wir einige Wochen, bis der Zoll unseren Container freigab. Als dies endlich geschehen war, stellte die Verschiffungsgesellschaft den Container mit unserer Habe vor den Toren der Altstadt, in der Nähe des Jaffatores, ab. Weiter ging es nicht. Denn längst nicht alle Altstadtgassen haben die nötige Breite für Container – und spätestens an den Abzweigungen wäre die Box steckengeblieben. Außerdem sind da noch die vielen Steintreppen... Und: wer könnte so ein Monstrum überhaupt tragen?

Wie gut, daß es die fleißigen Männer mit ihren Arabien gibt. Die brachten unsere Sachen nach und nach, in kleinen Portionen, sicher durch die Gassen zur Propstei und in die Wohnung hinauf.

In dem Jahr, als wir nach Jerusalem zogen, wurde die Altstadt an das Abwassersystem angeschlossen. An vielen Stellen gab es offene Gräben für die Rohre, die nirgends abgesichert waren. Abu Kamal, unser Schreinermeister, ein fast achtzigjähriger ehemaliger Zögling der deutschen »Schneller«-Schule, überbrückte die vor der Propstei liegenden Gräben notdürftig mit Brettern und alten Türen, so daß die Arabien den kürzesten Weg nehmen konnten.

Wir verstanden nun, warum unser Umzugsgut auf dreizehn Kubikmeter beschränkt worden war.

Nach kurzer Zeit waren unsere Sachen durch die Altstadt transportiert.

Zu meiner Überraschung brachte Abu Kamal nach dem Umzug alle Holzbretter und Türen wieder in seine Werkstatt. Als ich ihn fragend anschaute – ich hatte gemeint, von den Hilfsbrücken würden nun andere Leute ebenfalls profitieren – lachte er: »Meinen Sie, morgen würde auch nur ein Stück davon noch zu finden sein?« Wie kostbar Holz in einem fast waldlosen Land ist, erfuhren wir schnell.

Damals haben wir in tapferer Nachtarbeit unsere Umzugskartons ausgepackt und unsere Habseligkeiten in die spärlich möblierte Wohnung eingeräumt.

Das Arbeitszimmer war durch die vielen Bücher lange Zeit der gemütlichste Raum. Die großen Zimmer der Wohnung hallten von Leere, doch nach und nach gestalteten wir sie so, daß wir uns – sieht man von den landesüblichen Gittern vor den Fenstern ab – rundum wohl fühlten.

Öleselchen

Sie gehören nicht mehr so selbstverständlich zum Bild der Jerusalemer Altstadt wie noch vor wenigen Jahren, und ich gestehe: Ich vermisse sie, die geduldigen Lastenträger, die geräuschlos, leichtfüßig, meist geruchlos die vielen Treppen und engen Gassen bewältigen.

Zugegeben, sie wirken zuweilen anachronistisch, wenn sie Waschpulverpakete, elektrische Geräte oder Konservendosen transportieren, aber wohl doch nur deshalb, weil das, was sie tragen, nicht zu ihrer Umgebung passen will.

Denn die Mauern sind die gleichen geblieben, die Straßen und Stufen, die Farben und Gerüche.

Ich denke an die grauen, braunen und schwarzen Esel, die immer häufiger durch Diesel-Traktoren ersetzt werden. Die schieben sich rücksichtslos durch die Menschenströme, laut und stinkend und immer in Machtposition.

Ein Eselchen hat sich noch nicht verdrängen lassen: unser Öl-Eselchen. In den Wintermonaten bringt es regelmäßig das Öl für unsere Öfen und für die Kirchenheizung. Mit großen sanften Augen steht es dann vor unserem Tor und wartet geduldig, bis ihm die Last abgenommen ist. Und manchmal wird ihm die Zeit verkürzt. Dann darf es sich aus dem Futtersack stärken.

Zehn Kanister kann es auf einmal tragen, die halbe Füllung unseres 20l-Tanks. (Das ist kein Irrtum. Ich habe keine Null vergessen. Unser Tank faßt nicht mehr. Wie sollte denn auch ein 2000l-Tank in die Altstadt gelangen? Etwa mit einem Hubschrauber? Soll der seine Rotorenblätter in Gefahr bringen?)

Nein, das wollen wir doch besser nicht! Lassen wir dem Öleselchen seine Arbeit und seinem Herren das Einkommen.

Und uns, wenigstens noch für eine Weile, die Erinnerung daran, daß Jerusalem eine alte Geschichte hat und daß dies auch an den liebenswerten Gesellen erkennbar ist. Ich werde mich hüten zu jammern, wenn mich, statt des Muezzins, das durchdringende I......A eines Esels aus dem Morgenschlaf reißt.

Schukran

Die Sehnsucht, größer zu sein, als man ist, gehört zu jeder Kindheit. Wer kann sich nicht daran erinnern, wie von den Absatzschuhen der Mutter ein Stück Faszination ausging? Wenn ich an jene Phase meines Lebens zurückdenke, wo wir unsere Kinderschuhe in die Schuhe unserer Mutter drückten, stöckelt jene kleine Person ins Bild, die mir das erste arabische Wort schenkte.

Mein Mann und ich waren erst wenige Tage in Jerusalem und erkundeten unsere nähere Umgebung im muslimischen Teil der Altstadt.

Da gibt es manches, was wir uns bis dahin nicht hatten vorstellen können: Frauen in reich bestickten Kleidern hockten am Wegrand und verkauften Weinblätter, Gemüse und Kräuter. Männer hantierten an einfachen Maschinen, in denen säckeweise Oliven zerquetscht wurden, damit Salzwasser und Gewürze in die Früchte eindringen könnten. Wir entdeckten Käfige mit winzigen Vögeln, hoch an den Mauern der Häuser angebracht, geschützt vor Menschen und Katzen...

Die meisten Läden waren kaum größer als meine Küche daheim. Und hier sollte ich einkaufen!

Daß die Enge der Gassen für die großen Jungen ausreichte, um Fußball zu spielen, brachte uns zum Staunen – jene kleine Dame in ihrem blauen Sommerkleidchen und übergroßen Stöckelschuhen aber ließ es erschauern. Da stand sie, mit großen Augen und schwarzen Locken, an die Hauswand gepreßt, und traute sich nicht weiter. Unsere Augen trafen sich. Ihre Hand zeigte auf den Fußball, der von kräftigen Jungenbeinen hin- und hergeschossen wurde.

Ich konnte ihre Sprache nicht sprechen, aber ich verstand die Sprache der Angst. Als ich ihr meine Hand reichte, ergriff die Kleine sie ohne Zögern.

Langsam, auf das reduzierte Tempo ihrer Stöckelschuhe Rücksicht nehmend, führten wir sie aus der Gefahrenzone. In den wenigen Augenblicken hatte sich ihr Gesichtchen völlig verändert. Sie strahlte mich an, zog ihre Hand aus meiner und war plötzlich eines der schönen Kinder hier, an denen man sich nicht satt sehen kann. »Schukran«, sagte sie, »danke«, und klapperte auf dem Kopfsteinpflaster davon. Diese erste arabische Vokabel brauchte ich nicht mehr zu lernen.

Nur nicht das Gesicht verlieren

Die drei Rebstöcke auf dem Propstei-Grundstück schenkten uns Trauben in solchem Überfluß, daß ich auf die Idee kam, frischen Traubensaft zu pressen. Daß man dann auch »Neuen Süßen« produzieren kann, ist naheliegend.

Ein Fünf-Liter-Glas hatte gerade Trinkqualität erreicht, als sich überraschend Besuch ankündigte. Frischgebackenes Brot sollte es geben, dazu Schmalz, Oliven, und wir fanden, ein Sortiment von Nüssen würde das improvisierte Mahl vervollkommnen.

Ich hatte damals noch keine Ahnung, was ein Kilo Nüsse kostete, und erkundigte mich bei unserem Hausmeister. »Zehn Schekel«, meinte er. Ich steckte die angegebene Summe ein, lief zum Laden gleich hinter der Kirche und bat um ein Kilo gemischter Nüsse.

Der freundliche Händler schaufelte sie in eine Tüte und reichte sie mir über die Theke. »Zwanzig Schekel.« Ich wollte mich auf keine Diskussion einlassen, machte deshalb deutlich, daß ich nicht genug Geld dabei hätte, den Rest aber sofort holen wolle.

Auf dem Heimweg überlegte ich mir, daß ich zu dem

hohen Preis etwas sagen müsse, zumal ich mitbekommen hatte, daß der Händler nicht nur arabisch sprach.

Ich brachte das fehlende Geld. »Schade«, bemerkte ich, »jetzt wollte ich neue Kundin bei Ihnen werden und muß den doppelten Preis zahlen. Es wäre schön gewesen, als Nachbarin bei Ihnen einkaufen zu können.« Beim Wort Nachbarin zuckte er zusammen. »Ja, ich wohne gerade um die Ecke. Mein Mann ist der neue Propst.«

»Warum haben Sie das nicht gesagt?«, stammelte er. »Ich dachte, Sie seien eine amerikanische Touristin.«

Warum soll eine amerikanische Touristin denn mehr bezahlen als die Einheimischen? fragte ich mich, aber nicht ihn.

Nun wollte er wissen, wie lange wir schon im Land seien und ob es uns gefalle. Während wir uns unterhielten, füllte er eine größere Tüte mit Süßigkeiten und reichte sie mir dann mit freundlichem Lächeln. »Auf gute Nachbarschaft«, sagte er, als ich mich zum Gehen wandte.

Wir hatten beide durch meinen Einkauf gewonnen: Er bekam den doppelten Preis für seine Nüsse und hatte sein Gesicht nicht verloren. Ich hatte auch kein Verlustgeschäft gemacht, denn die Süßigkeiten waren mehr wert als die zehn zusätzlichen Schekel. Zudem war mir klar geworden, daß es von Vorteil sein würde, wenn ich von den Händlern möglichst bald als eine von hier erkannt würde.

Männerehre

Die Straße vor der Erlöserkirche und dem Gebäude der Propstei ist eine Privatstraße. Sie gehört der Evangelischen Jerusalemstiftung, ist aber gleichzeitig für den öffentlichen Verkehr offen zu halten.

Es kommt immer wieder vor, daß Männer aus der arabischen Nachbarschaft miteinander streiten. Das sieht dann sehr gefährlich aus und hört sich noch gefährlicher an. Auf den ersten Blick ist oft nur ein Knäuel von Menschen zu sehen. Im Zentrum befinden sich die eigentlichen Streithähne. An ihren Armen, Schultern, manchesmal sogar an ihrem Hals, hängen die Friedensstifter.

Zu Beginn meiner Dienstzeit habe ich mich beim ersten Geschrei in den Lutherrock geworfen, um Frieden zu schaffen. Immerhin war ich für die Verkehrssicherheit der Straße zuständig. Wenn ich kam, war im Regelfall das Schlimmste bereits überstanden.

Damals habe ich gelernt: Wer gekränkt wurde, muß sich wehren. Um seiner Ehre willen muß er dem Beleidiger an den Kragen. Die Schlichter aber haben dafür zu sorgen, daß nichts wirklich Ernsthaftes geschieht. Je mehr Personen den Zürnenden festhalten müssen, desto größer ist nicht nur sein Zorn, sondern auch seine wiederhergestellte Ehre.

Fleisch-Suq

Die engen Ladenstraßen der Altstadt von Jerusalem – Suqs oder Shugs genannt – haben wenig gemeinsam mit den Einkaufsstraßen und Kaufhäusern in Deutschland. Die meisten Verkaufsstände und Läden sind winzig und bieten in nachbarlicher Enge und Nähe die gleichen Waren an.

Es gibt Preisabsprachen unter den Händlern, und ob ich den Tagespreis oder den Tagespreis mit Aufschlag bezahle, hängt davon ab, ob man mich als Ansässige erkennt oder zu den Touristen zählt. Das Verkaufspersonal ist durchweg männlich, und gerade beim Fleisch und Gemüse ist es die Kundschaft meist auch.

Hinter der Propstei verläuft, parallel zum Kirchengrundstück, der Fleisch-Suq; er ist mit Obst- und Gemüseläden durchsetzt. Es kostete mich zu Beginn unserer Zeit in Jerusalem noch sehr viel mehr Überwindung als heute, dort hindurchzugehen.

Halbe Rinder und Schafe hängen an Fleischhaken im Freien vor den Läden. Innereien werden in großen Wannen gewaschen und warten auf Käufer. Ab und zu glotzen einen, sorgfältig aufgereiht, Schafsköpfe an, mit trüben, hervorstehenden Augen. Männer waschen Tiermägen und Gedärme. An den Hauswänden liegen, den Tag über beständig wachsende Berge von Knochen, dazwischen Fellreste und Schafsschwänzchen. Vor einigen Läden sind Hundertschaften nackter Hähnchen aufgebaut und die Fleischmassen dicker Puten. Das Kopfsteinpflaster ist immer naß und das Wasser in der Abflußrinne in der Mitte der Gasse blutvermischt.

Ich beneide die Leute nicht, die dort arbeiten. Meine Augen und meine Nase sträuben sich noch immer, und ich ertappe mich, daß ich die Luft anzuhalten versuche, wenn ich da hindurchgehe.

Die meisten Läden sind jedoch sauber, mit gekachelten Wänden und fließendem Wasser. Es gibt Kühlwannen und Eisschränke, aber es gibt auch wohlgenährte Katzen, die dort herumlungern, und im Sommer dicke Fliegen.

Die Touristen schieben sich täglich durch die Gassen, mit dem Ausdruck von Schock und Ekel auf den Gesichtern. Mein eigenes Gesicht hat zweifellos diesen Ausdruck auch noch nicht ganz verloren. Aber der Fleisch-Suq ist Alltag geworden. Und Alltag vermittelt so etwas wie Gelassenheit. Trotzdem bin ich froh, daß es in der Weststadt, im neuen Teil Jerusalems, einen Metzger gibt, dessen Waren und Laden meinen mitteleuropäischen Ansprüchen recht nahe kommen.

Solidarität

Wenn ich Obst oder Gemüse kaufen will, steuere ich nicht einen bestimmten Laden an; ich laufe, bevor ich mich zum Kauf entscheide, durch die Suq-Gassen, schaue hier nach der Ware, frage dort nach dem Preis.

Dort, wo man mich kennt, kann ich darauf vertrauen, daß man – ›Mann‹ müßte es eigentlich heißen, denn im arabischen Markt verkaufen keine Frauen – mich nicht betrügt. Ich bezahle das, was die einheimischen Käufer auch bezahlen. Meistens jedenfalls. Wenn es nicht geschieht, dann habe ich meine Vorarbeit nicht gut gemacht. Das vorherige Fragen und Schauen zahlt sich aus.

Es gibt nur einen Händler, bei dem ich unbesehen und fraglos kaufe und bezahle. Nicht, weil er immer die beste und billigste Ware hätte. Nein, das wäre nicht wahr. Ich kaufe bei ihm, weil ich ihn als Menschen schätze.

Vor seiner kleinen Kaufhalle, in der er Obst und Gemüse anbietet, sitzt sehr oft ein alter Mann. Er hat nur ein, zwei Kisten mit Früchten der Saison, die wenige Schritte weiter auch zu haben sind: Weintrauben, Pflaumen, Feigen, Kartoffeln… Der alte Mann ist auf einem Auge blind. Man kann ihm ansehen, daß er nicht mit irdischen Reichtümern gesegnet ist.

Wenn ich etwas von dem gebrauchen kann, das er anbietet, kaufe ich zunächst bei ihm. Jedesmal geht der Alte dann in die Halle, leiht sich dort die Waagschale aus und wiegt die Ware auf der Waage des Ladenbesitzers. Die beiden sind – wie man mir sagte – nicht verwandt.

Mich rührt dieses unübliche Miteinander. Es zeigt etwas von der Menschlichkeit, die mich froh macht.

Kettenverkäufer

Der Gedanke an ihn verbindet sich mit den unverwechselbaren Klängen einer kleinen Kindertrommel. Wenn er mittags mit seinem Straßenverkauf anfing, kam er immer an der Propstei und an den kaffeetrinkenden Touristen in der Muristan-Straße vorbei. Ich habe mich durch das eindringliche Trommeln nicht selten gestört gefühlt, aber ich hätte unsere Uhr nach ihm stellen können.

Er ist in meiner Erinnerung der erste Händler, der immer arabisch gekleidet war. Er trug eine beigefarbene Galabie, ein langes Baumwollgewand, und Sandalen. Sein weißes Strickkäppchen ließ erkennen, daß er auf der Haddsch, der Pilgerreise nach Mekka, gewesen ist und so eine der Pflichten erfüllt hat, die einem gläubigen Muslim auferlegt sind.

Er lächelte immer. Über seinem linken Arm hingen ein paar Dutzend Ketten aus Silber und Halbedelsteinen, einfacher Modeschmuck.

Selten habe ich beobachtet, daß er eine der Ketten verkaufte. Heute frage ich mich, wie einer davon leben kann, und ich schäme mich ein bißchen, daß ich nie seiner Aufforderung zu kaufen gefolgt bin. Vielleicht beim nächsten Jerusalem-Besuch!

Kleiner Postkartenhändler

Der Knirps war höchstens sieben. Mit seinen grauen Hosen und dem weißen Hemd war er unschwer als Zögling einer Altstadt-Schule zu erkennen. Er hatte ein pfiffiges Gesicht, struppige Haare und eine Forschheit, die mich verblüffte.

Um diese Zeit gab es für ihn wenig Konkurrenz: Die Postkartenverkäufer, die für wenige Schekel Packen zweitklassiger Karten mit Sehenswürdigkeiten von Stadt und Land verkauften, würden erst später kommen.

»You must buy my postcards«, sagte er in makellosem Englisch, »they are cheap, only two dollars.«

Er kam fordernd auf mich zu und hielt mir seine Karten vors Gesicht.

»No«, sagte ich.

»Why?« fragte er.

»Because this is not the time for selling postcards.«

»Why?« fragte er trotzig.

»It is time for school!«

Ich hatte längst die Büchertasche entdeckt, die an der Hauswand lehnte.

»You must buy my cards«, beharrte er.

»No.« Auch ich blieb hart, obwohl mich das Kerlchen längst in seinen Bann gezogen hatte. Auf seiner Stirn zeigten sich Zornesfalten, und seine Augen füllten sich mit Tränen der Wut.

»Why?«

»Listen«, sagte ich besänftigend, »you come here this afternoon at four, when school is over. Then I will buy two packages.«

Wir waren wohl beide nicht sicher, ob wir uns am Nachmittag wiedersehen würden. Der Kleine ergriff jedoch seine Tasche und trottete ab in Richtung Schule.

Am Nachmittag kam er tatsächlich. Ich kaufte, wie versprochen, von seinen Karten, und er strahlte.

Das Vertrauen ließ uns füreinander unverwechselbar werden. Immer, wenn wir uns am Nachmittag begegneten, durfte er sicher sein, daß er mir seine Postkarten nicht vergeblich anbot.

Nur ein Lächeln...

Unsere jüdischen Nachbarn sind strenggläubig. Sie meiden den Kontakt mit Christen. Wenn wir ihnen begegnen, schauen sie an uns vorbei, als gäbe es uns nicht. Das macht mich traurig.

An einem stürmischen Novembertag waren mein Mann und ich auf dem Weg von der Propstei zum Gästehaus. Eine orthodoxe Familie kam uns entgegen. Der kleine Sohn fuhr auf einem Fahrrad neben den Eltern her. Er brauchte seine Hände zum Lenken. So konnte es geschehen, daß ihm seine Kippa vom Kopf geweht wurde. Sie rollte mir vor die Füße. Ich hob sie auf, ging auf den Jungen zu und setzte sie ihm wieder auf den Kopf. Er schaute zu mir auf und lächelte. Dann sah er seine Eltern an, und sie lächelten ebenfalls.

Es war die zwischenmenschlichste Regung, die ich bis dahin von unseren Nachbarn erfahren hatte. Sie machte mich tagelang froh.

Arbeitsbeschaffungsmaßnahme

Jerusalemer Jungen können überall Fußball spielen, aber auf einem großen freien Platz tun sie es am liebsten. An den Nachmittagen kletterten sie deshalb nicht selten über die hohe Mauer, die das Schulgelände neben der Propstei umgab, um ihrer Leidenschaft nachzugehen.

Schon die Kletterei an der glatten Wand hoch und das Hinabspringen auf den gepflasterten Hof waren nicht ungefährlich. Als wir eines Tages entdeckten, daß die Jungen am Blitzableiter eines der mehrstöckigen Gebäude hinauf- und hinabkletterten, eines der Kinder sogar an der Regenrinne hing, schlugen wir Alarm. Das, was die Jungen da machten, war lebensgefährlich!

Mein Mann kannte die Jungen nicht; er kannte nur die Geräuschkulisse, die sie ihm jeden Nachmittag für seine Schreibtischarbeit lieferten.

Er ließ alles stehen und liegen und bemühte sich um eine Lösung: Innerhalb von Stunden machte er mit Hilfe des arabischen lutherischen Bischofs einen arbeitslosen Sportlehrer ausfindig, der, gegen ein Entgeld, am Nachmittag die Jungen anleiten und beaufsichtigen würde. Er bekam auch die Schlüsselgewalt für das Tor zum Schulhof; und das gefährliche Klettern hatte ein Ende.

Diese Arbeitsbeschaffungsmaßnahme machte viele glücklich, zuerst natürlich die begeisterten Fußballspieler, die nun mit Erlaubnis den Platz zur Verfügung hatten, den jungen Familienvater, der endlich einen kleinen Verdienst mit nach Hause bringen konnte, meinen Mann, der plötzlich viel mehr Ruhe zum Arbeiten hatte. Es konnte nämlich auch geschehen, daß die Jungen mit ihrem Lehrer auf Steinen im Kreis saßen und lebhaft miteinander diskutierten.

Wie ein Nachruf

Es dauerte lange, bis ich den kleinen Laden überhaupt als Laden erkannte. Im Vorübergehen hatte ich manchmal einen alten Mann hinter einer hohen Theke gesehen. Immer trug er einen dunklen Anzug und ein blütenweißes Hemd.

Erst nach etlichen Monaten in Jerusalem erkundigte ich mich bei unseren Mitarbeitern nach einer Reinigung in der

Altstadt, und sie nannten mir diesen kleinen Laden. Hier konnte ich die Anzüge meines Mannes und andere Kleidungsstücke abgeben und sie nach wenigen Tagen mustergültig gereinigt und gebügelt wieder abholen.

Juma Abdul Aziz Misk. Seinen Namen erfuhr ich aus der Zeitung, ohne ihn zunächst zuordnen zu können. Da war ich schon länger als ein Jahr seine Kundin gewesen.

Jedesmal, wenn ich an seinem Laden vorbeigegangen war, hatte er lächelnd gegrüßt. Mit seinen 75 Jahren hatte er die kleine Reinigung betrieben. Er war für die Annahme und Ausgabe des Reinigungsgutes zuständig. Die Arbeit im Hintergrund erledigte sein Sohn im Zweitberuf.

Das winzige Geschäft war, wie fast alle Läden, außerhalb der Öffnungszeiten hinter einem verrosteten, graffitiverschmierten Eisentor verborgen. Es gab kein Schaufenster, kein Firmenschild, keine Reklame. Manchmal dachte ich: Warum auch? So adrett und makellos, wie der alte Herr gekleidet ist, läuft er selbst Reklame.

Eines Tages war er nicht mehr da. Der Laden war geschlossen, einige Wochen lang. Als ich mich bei den Nachbarn erkundigte, erfuhr ich, daß Juma Abdul Aziz Misk nicht mehr lebte. Ein Siedler hatte ihn erschossen. Die Hintergründe sind nie bekanntgeworden. Vielleicht waren Steine geflogen, man wußte es nicht. Zu Schaden gekommen war dem Vernehmen nach niemand. Aber der Siedler war aus seinem Auto gestiegen und hatte wild um sich geschossen. Der alte Mann war getroffen und tödlich verletzt worden.

Jedesmal, wenn ich durch die kleine Gasse hinter der Grabeskirche ging, dachte ich daran.

Monate später war das Tor vor dem Laden wieder geöffnet. Hinter der Theke stand ein etwa fünfzigjähriger Mann, ähnlich sorgfältig gekleidet wie der Verstorbene. Er bügelte Hemden. Kein Zweifel, dies war der Sohn von Juma Abdul Aziz Misk. Er hatte nun auch die Arbeit seines Vaters übernommen.

»Was sollen wir tun?« sagte er. »Wir müssen arbeiten, um zu leben. Alle haben es schwer hier. Mein Vater ist tot. Das ist ein großer Schmerz. Es liegt in Allahs Hand, was weiter geschieht. Wir brauchen uns nicht zu rächen.«

Dieser letzte Satz ist es, warum die Begegnung mit Juma Abdul Aziz Misk und seinem Sohn zu einer Erinnerung wurde, die uns die Jerusalemer Altstadt heute noch so liebenswert macht.

Schlaraffenland

Immer wieder staune ich, was sich hinter den graffitiverschmierten Metalltoren der Altstadt verbirgt, nicht nur Läden oder Vorratsräume.

Es gibt wunderschöne Wohnungen und Innenhöfe mit Blumen und Pflanzen, Brunnen, malerischen Treppenaufgängen und Dachterrassen, von denen aus man auf Kirchtürme und Minarette schauen kann, zuweilen auch auf Ausgrabungsstätten; von manchen sieht man die riesigen Gräberfelder am Ölberg.

Für Kinder ist das nicht immer und unbedingt von Interesse. Für sie gibt es Blicke in die Tiefe, die viel aufregender sind.

Im Johanniter-Hospiz zum Beispiel, das über eine etwa drei Meter hohe Treppe erreicht wird, gibt es im Hof vergitterte Öffnungen, durch die man auf das Treiben in den Marktstraßen hinabschauen kann.

Eine Luke hat besonderen Reiz für die Kinder. Ich fragte mich, warum die Kleinen mit Ausdauer und sehnsüchtigen Blicken davor hockten – bis ich es selbst mit Faszination tat: Direkt unter der Luke hatte ein Süßwarenhändler seine farbenprächtige Ware ausgebreitet: Bonbons und Lutscher, Gummibärchen und Marshmallows, Schokolade und Zuckerzeug in solcher Vielfalt, wie sie nur im Märchen vorkommt.

Die Idee für den nächsten Kindergeburtstag war schnell geboren: Auf unserem Weg zum Geburtstagskind weihten wir den Händler ein und bezahlten die Summe für eine Körbchenfüllung Süßigkeiten.

»Schau doch mal, was geschieht, wenn du einen Korb hinunterläßt«, forderten wir den Kleinen auf. Strick und Körbchen fanden sich schnell. Mit Spannung wurde es hinabgelassen und, bis zum Rand gefüllt, wieder heraufgezogen.

»Schade, daß so etwas nur am Geburtstag klappen kann!« bemerkte die Mutter des Kleinen weise und vorbeugend.

Das kann ein kleiner Junge verstehen, solange er noch beide Hände voller Süßigkeiten hat.

Nächtlicher Krankentransport

Schlaftrunken wankte ich zum Telefon, barfuß und im Dunkeln, um Zeit zu sparen, wußte ich doch nicht, wie vieler Klingelzeichen es bedurft hatte, mich aus dem tiefen Nachtschlaf zu wecken.

Erst im Eßzimmer, wo das Telefon stand, machte ich Licht. Ein schneller Blick auf die Uhr. Es war kurz nach zwei. Das Herz klopfte etwas schneller. War jemandem aus der Familie etwas zugestoßen? Warum sonst der Anruf mitten in der Nacht? Als ich den Hörer aufnahm, meldete sich die aufgeregte Stimme einer jungen Frau, die wir mit ihrem kranken Vater vorübergehend in der Souterrain-Wohnung der Propstei einquartiert hatten.

Der Vater hatte auf seiner Reise durch Israel einen Herzinfarkt erlitten und war in das nächstgelegene Krankenhaus eingeliefert worden, ein Krankenhaus auf dem Ölberg unter palästinensischer Leitung.

Die Reisegruppe der beiden war längst zurück in Deutschland. Der alte Herr war aus dem Krankenhaus entlassen worden, sollte sich aber noch zwei Wochen schonen, bevor er seine Flugreise antreten würde.

Nun hatte er plötzlich starke Schmerzen, und es bestand die Gefahr, daß er einen weiteren Herzinfarkt erlitten hatte. Er mußte so schnell wie möglich ins Krankenhaus.

Ohne Krankenwagen ging das nicht. Das war uns gleich klar. Klar war auch, daß kein Krankenwagen in die Altstadt kommen konnte, daß der Weg bis zum nächsten Stadttor über enge Gassen und Stufen nur mit einer Trage zu bewältigen sein würde.

Aber die eigentlichen Probleme waren ganz anderer Art: Als wir den Rettungsdienst anriefen und den Leuten in der Zentrale mitteilten, in welches Krankenhaus unser Patient gebracht werden wolle, erfuhren wir, daß dies nicht möglich sei: Israelische Krankenwagen dürften nur Krankenhäuser in West-Jerusalem anfahren. Wir müßten uns an den palästinensischen »Roten Halbmond« wenden. Freundlicherweise bekamen wir die Telefonnummer. Doch die Verbindung kam und kam nicht zustande. Kostbare Zeit verging.

Wir meldeten uns wieder bei den Israelis, die schließlich eine Direktverbindung mit dem palästinensischen Rettungsdienst herstellten. Doch da sprach niemand Englisch, geschweige denn Deutsch.

Mit den wenigen schon gelernten Arabisch-Brocken schaffte es mein Mann doch, den Krankenwagen ans Jaffator zu bestellen und klarzumachen, daß unser Patient liegend transportiert werden müsse.

Nach weiteren 20 Minuten erschienen zwei Sanitäter, zierliche Personen, die ganz und gar nicht zu unserem gewichtigen Kranken passen wollten, die Trage mit den winzigen Rädern auch nicht zum Kopfsteinpflaster der Altstadt. Unsere Muskelkraft war gefragt.

Nur langsam kamen wir voran. Auf halber Strecke begegneten wir einem Trupp israelischer Soldaten. Wir begrüßten einander und fragten aufmunternd – diesmal auf Hebräisch –, ob sie sich nicht die Langeweile ein wenig vertreiben und uns helfen wollten.

Ohne Zögern packten sie an, und mit jugendlicher Kraft brachten sie den Patienten hinauf zum Krankenwagen. Gute Wünsche gaben sie ihm auf den Weg und uns allen einen freundschaftlichen Händedruck.

Noch viele Wochen später, als der Kranke längst nach Deutschland zurückgeflogen war, fragte ich mich, wenn ich Soldaten in der abendlichen Altstadt begegnete, ob es dieser oder jener gewesen war, der uns so spontan und fröhlich geholfen hatte.

Feuerwehr

Der Mangel an Straßen, die mit Autos befahren werden können, bestimmt in vielerlei Hinsicht das Leben in der Altstadt Jerusalems.

Auf einem Bücherregal im Arbeitszimmer meines Mannes steht ein kleines Feuerwehrauto. Das hat ihm einer der Pfarrvikare anstelle einer Anerkennungsmedaille geschenkt: Als der Weihnachtsbaum in der Kirche, der in den unteren Regionen mit echten Kerzen bestückt war, in Brand geriet, unterbrach er die Predigt und hielt standhaft den brennenden Zweig von den übrigen fern, bis der Kirchendiener mit dem Feuerlöscher zur Stelle war. Dann ging er ruhig zur Kanzel zurück und predigte weiter.

In der Nachbarschaft hatte mein Mann einen guten Ruf – neben dem als Propst –, weil er zwei-, dreimal als erster mit dem Feuerlöscher, der gleich hinter dem Eingang der Propstei hängt, am Brandherd war. (Er wenigstens weiß, wie so ein Ding funktioniert.)

Die Feuerwehr, die bei Alarm mit einer Vorhut anrückt, deren Männer ihre Feuerlöscher auf dem Rücken tragen, braucht ihre Zeit. Erst lange nach dem ersten Trupp kommt dann die eigentliche Feuerwehr, ein kleiner Traktor, der das Löschwasser in einem Container transportiert, der wohl kaum mehr als 300 Liter faßt.

Wir haben solche Aktionen einige Male erlebt und waren froh, wenn die kleinen Feuer und Schwelbrände schnell entdeckt und gelöscht waren.

Was wirklich geschehen könnte, wenn ein Großbrand in der Altstadt ausbräche, wagen wir uns nicht auszumalen!

Hilfsangebot

Jeden Freitag kaufte ich mein Brot im jüdischen Viertel. Zum Sabbat gab es dort immer besondere Weißbrotsorten und vor allem Hefezöpfe.

Wegen einer Knieverletzung bewegte ich mich mühsam auf Krücken. Um des Brotes willen humpelte ich dennoch ins jüdische Viertel. Die Tasche hatte ich mir über die Schulter gehängt.

Der Rückweg war schwieriger als gedacht. Plötzlich sprach mich ein Mann an, von dem ich es ganz und gar nicht erwartet hätte. Ein schläfenbelockter orthodoxer Jude fragte mich, ob er mir helfen könne.

Wie gerne hätte ich seine Hilfe angenommen! Aber ich schwindelte etwas: Ich hätte es nicht mehr weit. Ich müsse nur noch die Straße entlang...

Warum habe ich seine Hilfe nicht angenommen?

Ich hätte mit ihm an den arabischen Händlern vorbeigemußt. Die hätten nur schwer verkraftet, daß ich nicht nur mein Brot bei den Juden kaufte, sondern mir auch noch von einem von denen helfen ließ.

Umgekehrt wäre die Geschichte nicht anders gewesen. Wie kann man sich von Arabern helfen lassen, hätten die jüdischen Händler gefragt.

Begegnung

Das kleine Café war innen so gut wie leer. Bei dem schönen Wetter wollten alle draußen sitzen. Ich auch. Eine gute Stunde würde ich auf unseren Besuch warten müssen...

Ich sah mich um: ein buntes Gemisch von Menschen. Ein paar Soldaten hockten vor ihren Getränken, das Gewehr über der Schulter. Nur einer wiegte seines wie einen Säugling auf den Knien. Studenten und Studentinnen in lebhaftem Gespräch, Hausfrauen, die ihre prallvollen Einkaufstaschen neben sich gestellt hatten und sich scheinbar mit einer Portion Eis oder einem Sahnetörtchen für die Strapazen belohnten, ein paar Orthodoxe beim verspäteten Frühstück, russische Einwanderer, dem Klang der Stimme nach, noch nicht der hebräischen Sprache mächtig, und Touristen natürlich, in Shorts und Schirmmütze, Kamera und Tasche vor dem Bauch.

Alle Tische waren besetzt. An einem einzigen saß eine Frau allein. Sie war etwa in meinem Alter, braungebrannt und dunkelhaarig. Mit ihrem offenen Gesicht war sie mir sofort sympathisch. Ich begrüßte sie auf Hebräisch und fragte sie, ob sie Englisch spreche.

»Ich bin Amerikanerin«, antwortete sie, lachte kurz auf und ergänzte: »Aber ich bin auch Israelin.«

Herzlich lud sie mich ein, an ihrem Tisch Platz zu nehmen. Sie müsse ohnehin gleich gehen. Aus dem »gleich« wurde fast eine ganze Stunde, die ich nicht vergessen habe.

Ja, sie wohne in Jerusalem, beantwortete sie meine Frage. »Aber nicht mehr lange«, setzte sie hinzu, »ich kann hier nicht mehr leben.«

Ich war überrascht. Wenn schon in Israel, dann doch möglichst in Jerusalem, hatte ich immer gedacht.

Sie muß mir mein Erstaunen angesehen haben. Und unaufgefordert begann sie zu erzählen:

Vor über fünfundzwanzig Jahren sei sie nach Israel eingewandert und nach Jerusalem gekommen.

Und sie begann zu schwärmen von der ruhigen, überschaubaren Stadt, in der die Bewohner nebeneinander und miteinander gelebt hätten.

Damals müssen alle Menschen nett und alle Autofahrer rücksichtsvoll gewesen sein.

»In Kriegszeiten weiß man, warum gekämpft wird und gegen wen man kämpft«, meinte sie, als ich das positive Stimmungsbild ein bißchen in Frage stellen wollte, »und die Menschen rücken zusammen. Was zur Zeit hier geschieht, ist schlimmer als Krieg!«

Daß sie zur säkularen Bevölkerungsgruppe gehörte, war unschwer an ihrer Kleidung und an ihrem Verhalten zu erkennen. Aber sie faßte ihre Einstellung auch deutlich in Worte.

Ihr sei es unerträglich, wie die Orthodoxen immer mehr Macht in der Stadt bekämen, wie eine Minderheit die Mehrheit bestimme, wie jede Entscheidung der Politiker auf Besitzergreifen ausgerichtet sei.

Sie sprach alles andere als sanft über die Siedler und meinte: »Wir brauchen uns über Anschläge doch nicht zu wundern. Wir provozieren sie selbst.«

Sie habe keine Hoffnung mehr, daß sich das wieder ändere, und habe für sich die Konsequenzen gezogen. »Ich ziehe in ein paar Wochen nach Haifa. Ich muß einfach wieder frei atmen können!«

Sie wurde still und nachdenklich.

»Ich weiß, ich werde vieles vermissen, vor allem die Menschen, mit denen man hier in Jerusalem so schnell und selbstverständlich in Kontakt kommt.«

Schade, dachte ich, ich hätte diese Frau gern näher kennengelernt.

Unsere Begegnung hat mich ahnen lassen, was auch ich eines Tages vermissen würde.

Regen

Das Thema Wasser ist ein Thema der ganzen Nahost-Region, und Regen ist, im wahrsten Sinne des Wortes, ein Geschenk des Himmels. Wenn Ende Oktober oder Anfang November, nach Monaten der Trockenheit, der erste Regen fällt, ist, aufs Ganze gesehen, die Freude groß.

Während wir Ausländer uns, oft vergeblich, mit Regenmänteln und Schirmen die Nässe vom Leib zu halten suchen, zeigen die Einheimischen kaum Berührungsängste. Die Kinder stehen draußen wie unter einer Dusche, den Blick nach oben, die Hände geöffnet, als wollten sie das kostbare Naß auffangen.

Wenn es regnet, dann schüttet es meist wie aus Kübeln. Da man hierzulande nicht allzu großen Wert auf intakte Regenrinnen und Abflußrohre zu legen scheint, wird einem schnell die Herkunft der volkstümlichen Redewendung »vom Regen in die Traufe kommen« klar.

Selbst wenn ich bewußt darauf achtete, den rostzerfressenen Dachrinnen und improvisierten Abflußvorrichtungen auszuweichen – trocken bin ich nie heimgekommen. In der ersten Regensaison jedenfalls nicht.

Im Vorübergehen kauften wir irgendwann einen weiten schwarzen Mantel für mich. Er hatte eine große Kapuze und reichte fast bis zur Erde.

Zu meiner großen Überraschung war er absolut wasserdicht. Unter ihm konnte ich Einkaufskorb und Aktenmappe problemlos bergen, indem ich die Manteltaschen aufschnitt, so daß ich durch sie hindurchgreifen konnte.

Zusammen mit den kniehohen Gummistiefeln, die ich als kostbares Überraschungsgeschenk, mit goldenen Sternchen beklebt, unter dem Weihnachtsbaum fand, konnte mir Regen nichts mehr anhaben.

Meine Schirme habe ich im Laufe der Jahre verliehen oder verschenkt. Jedenfalls kam ich schließlich ohne Schirm nach Deutschland zurück.

Am Ende unserer Jerusalemer Zeit war mein Mantel nur noch unansehnlich anthrazit und an etlichen Stellen geflickt. Wehmütig packte ich ihn in den großen Karton mit der Aufschrift: »Zu verschenken!«, den es bei jedem unserer Gemeindebazars gab. Und dort, im Karton, ist er nicht lange geblieben.

Wenn ich an Regen in Jerusalem denke, dann erinnere ich mich an die braunen Flecke an der Decke unseres Eßzimmers, die in jedem Frühjahr mit weißer Farbe überstrichen wurden. Es gelang den Handwerkern nicht, die Dachterrasse darüber zuverlässig abzudichten.

Aber warum sollte es uns besser gehen als den anderen Bewohnern des Landes? Nicht selten entdeckten wir in den Wohnungen unserer Bekannten bunte Plastikwannen und Eimer, in denen dieses unerwünschte Regenwasser aufgefangen wurde.

Die meisten Jerusalemer akzeptierten diese Begleiterscheinungen des Regens mit Gelassenheit.

Der erste Regen bewirkt in den Marktstraßen der Altstadt eine emsige Geschäftigkeit. Ladenbesitzer nutzen die Gelegenheit zum Jahresputz.

Mit Schrubbern bearbeiten sie die Pflastersteine, so daß mit der Zeit die schmierige Schmutzschicht verschwindet und der weiße Jerusalemstein zum Vorschein kommt. – Die Rutschgefahr in der Übergangsphase bis zur Sauberkeit ist beträchtlich!

Beim Gedanken an den Regen sehe ich aber vor allem die frische Farbigkeit der Landschaft, die, monatelang unter der Sommer-Staubschicht verborgen, in wenigen Stunden aus den grauschimmernden Pastelltönen hervorgezaubert wird – und die Betrachter verzaubert.

Verständlich wurde mir, daß die Olivenernte möglichst erst nach der ersten Regenwäsche beginnt…

Aber außerhalb der Jerusalemer Stadtmauern, in der Judäischen Wüste, sah ich nach heftigem Regen die beeindruckendste Verwandlung: die Wüste, die zu grünen, ja zu blühen beginnt…

Schnee in Jerusalem

Wenn es in Jerusalem schneit, erstirbt das Leben auf den Straßen. Kaum einer der Einheimischen wagt sich hinaus. Der Verkehr ruht; Busse und selbst Taxis fahren nicht.

Und das ist gut so, denn viele Autos haben auf ihren Reifen nur eine schwache Andeutung von Profil. Von den Schuhe der Damen gilt Ähnliches.

Ich habe in der Stadt noch nie Räumfahrzeuge gesehen oder Kisten mit Streusand.

Der Winter 1991/92 bescherte uns so reichlich Schnee wie kein Winter danach. Am ersten Abend des neuen Jahres fing es an: Wir hatten das Pfarrersehepaar von der Himmelfahrtkirche auf dem Ölberg eingeladen, mit uns Arabisch essen zu gehen. Da sie ihre drei kleinen Kinder vorher ins Bett bringen und dem Babysitter anvertrauen wollten, holten wir sie ab – in unserem neuen, noch kaum eingefahrenen Auto.

Als wir vor dem arabischen Restaurant in Ost-Jerusalem ausstiegen, spürten wir die ersten Schneeflocken auf unseren Nasen und freuten uns.

Das Lokal war gut besetzt. Unserem Tisch gegenüber saß eine englischsprechende Reisegruppe. Man war in fröhlichem Gespräch, der Nachtisch wurde bereits aufgetragen.

Uns fiel auf, daß die jungen Leute noch lange, nachdem sie bezahlt hatten, keine Anstalten machten aufzubrechen. Sie waren zudem merkwürdig ruhig geworden.

Die Erklärung dafür brachte uns der Vikar, der zum Telefon gegangen war, um vom Babysitter den Lagebericht zu erfragen. Der ratlose Reiseleiter hatte es ihm geklagt: Die Gruppe saß fest – es fuhren keine Taxis oder Busse mehr: wegen des Schneefalls. Der Weg zu ihrem Hotel aber war weit, die meisten hatten weder Mantel noch feste

Schuhe. Ihnen drohte nun eine Nacht im Restaurant oder ein langer Fußmarsch durch den fallenden Schnee.

Unsere Männer brauchten nicht lange zu beratschlagen. Sie wollten den Leuten helfen. Beide fuhren auf den Ölberg, um den VW-Bus des Vikars zu holen. Mein schwarzwalderprobter Mann bewährte sich als Fahrer, die neuen Reifen unseres Autos taten das Ihrige: Man kam problemlos den steilen Berg hinauf. Der in Deutschland so zuverlässige VW-Bus hingegen tat so, als wolle er nichts mehr mit Schnee zu tun haben. Er mußte regelrecht überlistet werden, bis er endlich ansprang und in die Kälte hinaus fuhr.

Wir Frauen waren währenddessen mit den Engländern ins Gespräch gekommen. Die Gruppe gehörte zum London Symphonie Choir, der gerade in Jerusalem gastierte. Mit dieser Information konnten wir verstehen, daß vor allem die Damen ihre Füße und Kehlen schonen wollten.

Als Propst und Pfarrer eintrafen, hatten wir bereits Einladungen für uns und andere Mitarbeiter zu einem ihrer Konzerte in der Tasche.

Da die 18 Personen des Chores nur mit großer Mühe in VW-Bus und Audi 80 zu verstauen waren, warteten wir Frauen geduldig auf die Rückkehr unserer Meisterchauffeure, wohlversorgt und betreut vom Chef des Restaurants, der nicht glauben wollte, daß die beiden taten, wovor sich alle Bus- und Taxifahrer Jerusalems scheuten.

Ein bißchen war das Bewundern unserer Helden wohl mit Eigennutz gepaart gewesen. Denn nach der glücklichen Rückkehr der beiden kam die schüchterne Frage, ob wir den Mitarbeitern des Restaurants samt Chef eine Nacht in ihren eigenen Betten ermöglichen könnten – die Betten standen in einem Dorf in der Westbank, nicht gerade um die Ecke...

Auf jeden Fall ist die Fahrt durch die unberührte Schneelandschaft Jerusalems unvergessen.

Mandelblüten

Es gibt untrügliche Zeichen, wenn der Jerusalemer Winter zu Ende geht. Die sind zart und zerbrechlich und doch voller Widerstandskraft.

Fast jedes Jahr bekamen wir von palästinensischen Freunden oder aus Latrun – von den Mitgliedern der Jesusbruderschaft – einen Strauß mit Mandelzweigen geschenkt. Über Tage beobachteten wir, wie die Knospen sich öffneten und ihre weißen oder rosa Blüten entfalteten.

Diese Tradition von Mandelzweigen in unserer Wohnung läßt sich nicht mehr von dem bekannten und beliebten Lied trennen, das wir schon in Deutschland gern gesungen hatten:

Freunde, daß der Mandelzweig wieder blüht und treibt,
ist das nicht ein Fingerzeig, daß die Liebe bleibt?

Daß das Leben nicht verging, so viel Blut auch schreit,
achtet dieses nicht gering in der trüben Zeit!

Tausende zerstampft der Krieg, eine Welt vergeht.
Doch des Lebens Blütensieg leicht im Winde weht.

Freunde, daß der Mandelzweig sich in Blüten wiegt,
bleibe uns ein Fingerzeig, wie das Leben siegt.

Der Text hat eine besondere Bedeutung bekommen, nachdem wir seinen Verfasser, Schalom Ben-Chorin, kennengelernt hatten. Bei einem Besuch erzählte er uns, wie das Gedicht entstanden ist: Es war im März 1942. Die schlimmsten Schreckensnachrichten kamen aus Deutschland von Verfolgung und Mord. Schalom trat auf den Balkon seiner Wohnung. Da stand der blühende Mandelbaum im Garten seines Nachbarn. Die weiß-rosa Pracht half ihm aus Verzagtheit und Mutlosigkeit und diktierte ihm die Verse.

Jahrzehnte später fiel der Mandelbaum einem Parkplatz zum Opfer. Doch der Asphalt bekam Risse, und ein neues Bäumchen reckte sich dem Licht entgegen.

Schalom Ben-Chorins Frau, Avital, ließ es sich nicht nehmen, mit uns zum Parkplatz zu gehen. Da stand das Mandelbäumchen, noch klein und ein bißchen krumm, aber die Knospen an den zarten Zweigen waren zahlreich und prall. Eine wiederkehrende Hoffnung in der oft so hoffnungslosen Stadt.

Unausgewogenheit

Beim Stehempfang nach einem Konzert in der Kirche lernten wir Marianne kennen, eine ehemals deutsche Jüdin aus Berlin, die über Schweden nach Israel gekommen war. Respekt und Zuneigung waren spontan und wechselseitig.

Einige Monate nach unserem Einzug war Marianne unser Gast. Ihr gefiel es bei uns. Immer wieder ging ihr Blick jedoch zu den Bildern, die wir aus Deutschland mitgebracht und aufgehängt hatten: zwei kleine Radierungen von Chagall, ein großer Holzdruck von Andreas Felger mit dem Titel »Schechina«, auf dem der Name Gottes in goldenen hebräischen Lettern geschrieben steht. Auch unsere Neuanschaffung, ein Ölbild der Jüdin Anna Marcus, die in den siebziger Jahren die neuen Fenster der Erlöserkirche geschaffen hatte, fesselten ihre Aufmerksamkeit.

»Ihr seid unausgewogen«, sagte sie plötzlich, »ihr braucht auch etwas Palästinensisches!«

Diese kritische Feststellung bewies ihre Offenheit.

Innerhalb weniger Wochen kauften wir uns eine große arabische Stickarbeit, die fortan für Ausgewogenheit stand.

Daß wir erst nach unserer Rückkehr nach Deutschland das Bild eines palästinensischen Künstlers in unserer Wohnung hängen hatten, ist eine lange Geschichte und hat leider viel mit Politik und versperrten Wegen zu tun.

Eheverhinderungsinstitut

An Petra und Ali, die uns vor kurzem die glückliche Geburt ihres dritten Kindes anzeigten, liegt es nicht, auch nicht an Susanne und Dan, daß mein Mann für die gemütliche Küchenecke in unserer Propsteiwohnung die Bezeichnung »Eheverhinderungsinstitut« erfand.

Ich sehe sie vor mir, jede einzelne, die dort mit mir im Gespräch gesessen hat. So verschieden sie waren in Alter und Herkunft, in ihren Interessen und Begabungen – in einer wesentlichen Erfahrung waren sie gleich: Sie waren verliebt, und sie alle stellten sich die schicksalhafte Frage: Soll ich oder soll ich nicht?

Da war das kleine blonde Energiebündel, gerade achtzehn Jahre alt, zum ersten Mal fort von zu Hause und bis über beide Ohren vernarrt in einen jungen, hübschen Palästinenser aus der Westbank. Die erste große Liebe, zu der wohl immer ein Hauch Blindheit gehört.

Was kümmerte Tanja, daß sie sich nur sparsam auf Englisch verständigen konnten? Arabisch wollte sie schon lernen! Die Großfamilie, die sie so freudig in ihren drei kleinen Zimmern aufgenommen hatte, begeisterte sie, deren Pläne vom Bau eines großen Hauses auf ihrem Acker ebenfalls. Bis zur Hochzeit würde sie im Zimmer der Schwiegermutter wohnen…

Alles, was ich ihr zu bedenken gab im Hinblick auf ihre Situation als Christin: »Nein, meinen Glauben will ich nicht aufgeben!«, alle Informationen über ihren rechtlichen Status als Frau und Mutter, über kulturelle Unterschiede, über Probleme aufgrund der politischen Lage im Lande, prallten von ihr ab. Die Möglichkeit, daß die Familie gern einen der Ihren im Ausland verankert haben wolle, wies sie empört zurück.

Ich fragte mich, warum sie eigentlich zu mir gekommen war.

»Paß auf deine Papiere auf!« sagte ich ihr zum Abschied und überreichte ihr einige Bücher, die ich mir zum Thema »Ehe mit Ausländern« aus Deutschland hatte schicken lassen. »Bring sie mir in vierzehn Tagen zurück«, bat ich sie.

Sie kam früher mit den Büchern als verabredet. Sehr kleinlaut und immer wieder in Tränen, berichtete sie, daß ihr Geliebter bereits verheiratet sei und daß sein erstes Kind in wenigen Wochen zur Welt kommen würde. Sie sollte Zweitfrau werden…

Auch bei der Anästhesistin, die für ein Jahr eine Stelle an einem Jerusalemer Krankenhaus bekommen hatte und regelmäßig an unseren Gemeindeveranstaltungen teilnahm, hatte es gefunkt.

Ihr Freund besaß einen Laden in der Altstadt, ganz in der Nähe unserer Kirche. Da er sich ihr sehr behutsam näherte, hatte sie keinerlei Bedenken.

Er war schon etwas älter und machte kein Geheimnis daraus, daß er fünf Kinder habe und kurz vor der Scheidung stehe. Ein geschiedener Mann. Das war zunächst das Problem, an dem Lisa zu knabbern hatte. Daß er muslimischen Glaubens war und wenig Gebrauch davon machte, schreckte sie nicht allzu sehr. Umso großzügiger werde er ihr gegenüber sein, meinte sie.

Sie kam öfter auf ein Täßchen Kaffee vorbei, und ich freute mich an ihrer Freude. Sie machte Fortschritte im Arabisch-Lernen und zeigte mir die kleinen Geschenke, die ihr Freund ihr gemacht hatte.

Doch dann kam durch eine Frage, auf die mich eine unserer Mitarbeiterinnen gebracht hatte, ihr ganzes Glück ins Wanken: Ob es nicht eine riesengroße Aufgabe sei, die fünf Kinder eines Mannes und dessen geschiedener Ehefrau mit aufzuziehen, und ob sie denn ihren Beruf als Ärztin aufgeben wolle.

»Aber die Kinder bleiben doch bei der Mutter!« So hatte sie es sich vorgestellt. Daß in der arabisch-muslimischen Tradition die Kinder zum Vater gehören, war eine erschütternde Nachricht. »Was soll ich mit fünf Kindern?« schluchzte sie und war so untröstlich, daß wir sie an diesem Abend nicht nach Hause gehen lassen konnten. Ihr war klar geworden, daß diese Beziehung keine Zukunft für sie haben könne.

Lisa litt schrecklich. Oft kam sie – auf Umwegen, um nicht am Laden ihres Ex-Freundes vorbei zu müssen – zu mir, um sich Zuspruch zu holen.

Wenige Wochen, nachdem sie ihre Beziehung gelöst hatte, bekamen wir Besuch von einer Kollegin aus Freiburg. Lisa war gerade bei uns, als diese von einem Ausflug in die Altstadt zurückkam, ins Zimmer stürmte, voller Empörung.

Ein shopkeeper hatte sie in seinen Laden gelockt, angeblich, um Übersetzungshilfe zu bekommen. Sie war gefolgt, und dann hatte er sie zu umgarnen versucht: »Sie haben so schöne Augen. Ich habe Sie schon mehrfach gesehen und muß sie immer wieder anschauen...«

Lisa hatte Mund und Augen aufgerissen. »So hat es bei mir auch angefangen!« rief sie entsetzt.

Es dauerte nicht lange, da machten sich die beiden auf den Weg. Lisa wollte es genau wissen! Was sie inzwischen ahnte, bestätigte sich: derselbe Laden, derselbe Händler...

Der erste Schritt zur Heilung ihres Kummers war getan.

Im Laufe der Zeit wußten wir immer besser, was wir den meist jungen Damen, die sich, fern der Heimat, verliebt hatten, sagen mußten, um Tragödien zu verhindern. Und wir waren dankbar für die Mithilfe der Frauen in unserer Gemeinde, die selbst mit Ausländern verheiratet waren.

Brautkleidverleih

Im Jerusalemer Pfarralltag kommt so ziemlich alles vor, was es in Deutschland auch gibt. Taufen, Konfirmationen und Beerdigungen sind selten, Trauungen um so häufiger.

Israelkenner, die mit der Erlöserkirche vertraut sind, wissen anscheinend, daß der Propst nicht nur für die kirchliche, sondern auch für die standesamtliche Eheschließung zuständig ist.

Wenn ein Brautpaar die verlangten Papiere vorweisen kann – Abstammungsurkunden, Taufscheine und Eheunbedenklichkeitsbescheinigungen –, dann steht einer Trauung nichts im Wege. Trauzeugen sind nicht selten Zufallsbekanntschaften aus der Jugendherberge oder aus dem Hotel.

Eine Hochzeitsfeier zu sechst oder zu acht hat es gegeben, aber auch Hochzeitsgesellschaften mit eigenem, mitgereistem Kammerorchester.

Zuweilen wurde ich in die Planungsgespräche mit eingebunden, nicht nur, weil ich für den Blumenschmuck in der Kirche zuständig war.

Einmal, im Winter, hatten wir eine kleine Hochzeitsgesellschaft sogar bei uns im Wohnzimmer. Nach der Feier in der Kirche war das Aufwärmen ein Akt der Barmherzigkeit gewesen, zumal der Himmel sich entschieden hatte, alle seine Schleusen zu öffnen.

Mit Lächeln denke ich an die beiden Bräute, für die mein eigenes Brautkleid zum Einsatz kam (ohne Leihgebühr, versteht sich).

Daß das Kleid überhaupt mit nach Jerusalem gereist war, lag an unserer Entscheidung, alle Kleidungsstücke mitzunehmen. Man könne ja nicht wissen, ob wir unsere Sachen nach der Rückkehr überhaupt noch tragen könnten und wollten. Und so hatten wir von den Umzugsleuten alle Anzüge und Kleider unbesehen einpacken lassen.

Wie aber kam es zu unserem Brautkleidverleih?

Da war eine Braut, die hatte sich in Deutschland ein gewaltiges Tüllkleid mit langer Schleppe gekauft. Es paßte beim besten Willen nicht in ihren Koffer.

Sie war sehr traurig, daß sie nun keine Braut in Weiß sein würde. Als sogar Tränen flossen, bot ich ihr mein Kleid an, und es paßte! – Ein echtes Hochzeitsgeschenk für das Paar.

Die zweite Braut hatte sich ihr Brautkleid erst in Israel kaufen wollen, mußte jedoch feststellen, daß selbst das schlichteste ihr Budget überstrapaziert hätte. Tapfer entschied sie, sich eine weiße Galabie zu kaufen, eines jener, nun ja, nachthemdartigen Gewänder, die von arabischen Männern getragen werden.

Ich wußte ja nun schon, was zu tun ist. Mein Angebot, daß sie mein Brautkleid ausleihen könne, wurde fröhlich angenommen. Gemeinsam machten wir uns an die kleinen Änderungen, die notwendig waren.

Wenn ich an meine, unsere Hochzeit denke, wandern auch jene Frauen mit ins Bild. Es ist schön, strahlende Bräute im eigenen Brautkleid zu sehen!

Preventive Law

Viele der Dächer in den Marktstraßen der Jerusalemer Altstadt sind flach. Man kann hinaufsteigen. Man kann auch
über sie gehen. Das größte der Dächer verbindet das Gelände von Erlöserkirche und Propstei mit dem Garten des
Lutherischen Hospizes.

Der islamischen Stiftungsverwaltung (WAQF) war dies
ein Dorn im Auge. Die Preußen, so sagten sie, hätten wohl
vom Sultan einst die Grundstücke im Stadtteil Muristan bekommen, nicht aber das »Luftrecht«, also die Erlaubnis, sich
auf den Dächern zu bewegen.

Um diese Auffassung zu stützen, begann der WAQF eines Nachts, ein Mäuerchen zu bauen, um den Christen ihre Bewegungsfreiheit auf den Dächern einzuschränken.
Die Gefahr bestand, daß der Zugang zum Garten des Hospizes völlig versperrt würde. Der zu jener Zeit amtierende
Propst begann deshalb einen Rechtsstreit gegen den WAQF.

Dieser war nun beendet, das Urteil war gesprochen. Der
für die juristischen Belange der deutschen lutherischen Gemeinde zuständige Rechtsanwalt kam und gratulierte mir
zum Ausgang des Prozesses, von dem ich bis dahin nichts
gewußt hatte.

Und das war das Urteil: Die Mauer dürfe weder repariert
noch ergänzt werden. Hierin hatten die Christen gewonnen. Sie dürfe aber auch nicht abgerissen werden. Darin
bestand der Sieg der Muslime.

»Für alles andere wird Allah selbst sorgen durch Sonne
und Wind, durch Regen und Hagel…«, sagte der Rechtsanwalt mit freundlichem Lächeln, »We call it preventive law«.

Das Recht sei dazu da, meinte er, weitere Prozesse zu
verhindern. Diese Einstellung lasse weder den Triumph
des Siegers zu, noch die Bitterkeit des Verlierers.

Felsendomblick

Immer wieder hat es Augenblicke gegeben, in denen ich nicht fassen konnte, daß wir in Jerusalem lebten. Das hatte wenig zu tun mit der Geschichte der Stadt, nicht einmal mit den Orten, an die die biblischen Geschichten erinnern, und schon gar nicht mit der Begehrlichkeit zweier Völker, die Jerusalem jeweils für sich allein haben wollen. Es hat mit dem Licht zu tun, das diesen Ort verzaubern kann.

Unvergeßlich ist mir der Blick bei Sonnenuntergang vom Ölberg herab auf die Altstadt. Da wurde aus den Mauern, den Kirchtürmen und Minaretten die Goldene Stadt.

Bei Nacht war ich fasziniert, wenn ich vom Zionstor aus, also in umgekehrter Richtung, zum Ölberg hinaufschaute, zu den schier unendlichen Gräberfeldern, deren Steine im Mondlicht fahl, weiß-grau, zuweilen fast violett erschienen.

Im Kontrast zu diesem kalten Anblick der Zeichen von Tod und Vergänglichkeit war da immer die beleuchtete goldene Kuppel des Felsendoms – das heimliche Wahrzeichen Jerusalems, auch für Nichtmuslime.

Manchmal habe ich den Wecker gestellt, um vom Fenster unseres Gästezimmers aus zu erleben, wie der blutrote Sonnenball langsam aus dem Morgendunst auftauchte und der goldenen Kuppel überzeugend Konkurrenz machte.

Viele Male am Tag ging mein Blick zum Tempelberg, und immer war da zuerst dieses wunderbare blau-weiße Gebäude mit seinem kostbaren Dach. Und für mich war das mitten im Alltag! Denn auf dem flachen Dach des mittelalterlichen Kreuzganges, der zur Erlöserkirche gehört, hatten wir Blumenbeete bepflanzt, die gepflegt und begossen werden wollten. Auch die Wäscheleine war dort gespannt.

Wieviele Frauen der Welt haben die Möglichkeit, ihre Wäsche im Angesicht des Felsendoms aufzuhängen?

Verstellter Blick

Natürlich konnten sie unseren Protest nicht begreifen, die orthodoxen Juden der Thora-Schule hinter der Propstei, die aus Sicherheitsgründen einen Wachtturm bauten.

Wachttürme sind immer häßlich, signalisieren sie doch, daß es um die Menschen nicht so bestellt ist, wie es vielleicht im Garten Eden geplant war. Aber dieser Turm war nicht nur häßlich, sondern ein Ärgernis: Es störte unser Privatleben, denn alles, was fortan auf dem Dach des Kreuzganges geschah, präsentierte sich dem aufmerksamen Blick der jungen Juden, die sich bei der Wache ablösten. Ob wir auf dem Dach arbeiteten oder mit Gästen dort zusammensaßen, »Big Brother« war dabei.

Mit einigen hochwachsenden Pflanzen schaffte ich zwar eine Blickbarriere, doch das eigentliche Übel war damit nicht beseitigt: Unser zuvor freier Blick zum Tempelberg war verstellt.

Als Fremde waren wir der Überzeugung, die Altstadt Jerusalems – heilig für Juden, Christen und Muslime – sei der sicherste Ort im Lande. Nicht so unsere Nachbarn. Der Turm blieb, und er blieb ein Ärgernis.

Nur einmal, wenige Wochen vor unserer Heimreise, bekam er etwas Versöhnliches: Wir feierten den fünfundsechzigsten Geburtstag meines Mannes.

Die Mitarbeiter sangen ihm ein Geburtstagslied. Als sie fertig waren, standen drei junge Männer, die schon geraume Zeit auf den Treppenstufen des Wachtturms gesessen hatten, plötzlich auf und sangen unserem Jubilar ein *Happy birthday to you*.

Eine überraschende, fast brüderliche Geste, die einfach schön war.

Ein Hund namens Schlapp

Zwischen uns war es eine ausgemachte Sache – fast –, daß wir im Ruhestand einen Hund haben würden. Nach der Vorstellung meines Mannes sollte es ein Boxer werden, ein Hund voller Gemüt, Anhänglichkeit und Treue.

Mein Zögern war nicht unerheblich. Es bezog sich auf Sessel voller Hundehaare und unkontrollierbares Sabbern gerade dieser Gattung Hund. Ich selbst wünschte mir einen Hund, der erst noch gezüchtet werden muß. Mein Mann hatte klar erfaßt, was für einer das sein müßte, und gab der Rasse schon mal einen Namen: ›Bonsai Hund‹. Dieser Name sagt nichts aus über Art und Aussehen, nur über Wachstumseigenschaften: Mein Hund sollte nie aus dem Welpenalter herauswachsen, immer klein und knuddelig bleiben, aber trotzdem Charakter haben.

Dann kam Schlapp als Gast in unser Haus.

Er war eine mittelgroße Straßenmischung, mit langer, vielfältiger Ahnenreihe. Entsprechend hatte sein Fell die undefinierbare melierte Farbe von grau und braun und weiß. Nein, Schlapp war kein schöner Hund. Aber er war ein geliebter Hund, und auch bei Hunden stimmt der Satz: Wer geliebt wird, ist schön.

Schlapps Ohren waren das Lebendigste an ihm, auch wenn er diese Ohren natürlich nicht spitzen konnte. Auf sie übertrug sich jedes Geräusch, das er aufnahm. Lange, bevor wir Schritte auf der Treppe oder vor der Wohnung hörten, zeigte er sie mit seinen Ohren an.

Schlapp bekam seinen Platz für die Woche, in der er bei uns zu Gast war, nahe der Wohnungstür, am Ende des langen Korridors, den wir mit roten Läufern ausgelegt hatten.

Für Futter und Wasser war Frauchen zuständig, fürs Gassigehen Herrchen. Keine Frage, was den höheren Stellenwert bei ihm hatte! Mein Mann brauchte nur nach der Leine zu greifen, schon schoß Schlapp los. Die Läufer im Flur flatterten ihm wellenförmig hinterher.

Wieviele Hunde es in der Altstadt von Jerusalem gab, entdeckte mein Mann am frühen Morgen, wenn er Schlapp ausführte. Vor allem im jüdischen Viertel traf er Hundebesitzer jeden Alters und unterschiedlichster Herkunft. Man kam miteinander ins Gespräch. Entgegen aller Annahme teilten sich die Hunde problemlos die wenigen Bäume, an denen sie ihr Bein heben konnten.

Als Schlapp uns wieder verlassen hatte, fehlten meinem Mann die morgendlichen Spaziergänge und Begegnungen, aber der Gedanke, selbst einmal einen Hund zu haben, war beschädigt. Das kam so:

Einen Tag, bevor unsere Freunde ihren Hund wieder abholten, hatten Schlapp und wir – auf unterschiedliche Weise – eine fast traumatische Erfahrung: Wir mußten in den Norden des Landes fahren und verspäteten uns um mehrere Stunden. An diesem Tag waren zudem die Verkehrsverhältnisse total gegen uns.

Schlapp war von einem bestimmten Zeitpunkt an in unseren Köpfen allgegenwärtig. Wie würde er uns empfangen? Wir malten uns aus, wie er vor leerem Freß- und Wassernapf saß. Wir sahen Pfützchen und – hatten ihm bereits alles verziehen.

Vorsichtig öffneten wir die Wohnungstür. Da lag Schlapp auf seiner Decke und sah uns mit großen, vorwurfsvollen Augen an. Nichts hatte er angestellt!

Als mein Mann die Leine nahm, trottete Schlapp hinter ihm her. Erst nach zwei, drei Bäumen fand er zu seinem alten Temperament zurück.

An jenem Abend waren wir uns uneingeschränkt einig: Jerusalem ist keine Stadt für Hunde, und ein Propst mit vielen unkalkulierbaren Terminen erst recht nicht das ideale Herrchen.

Ungeliebter Hausgenosse

Es gibt Fragen, die lassen sich nicht beantworten: Wie kommt eine Schlange ins zweite Stockwerk eines Hauses und in eine Wohnung, deren Eingangstür unten nur einen winzigen Spalt frei läßt? Und wo bleibt eine Schlange, die immerhin sechzig bis siebzig Zentimeter Länge und einen Durchmesser von etwa vier Zentimetern aufweist, wenn man sie nicht fangen kann?

Als ich die Schiebetür vom Eßzimmer zum Wohnzimmer öffnete, tänzelte sie auf einem Lichtfleck vor mir: dunkelgrau mit einem kettenartigen Muster auf dem langen Rücken. Der Schreck war gewaltig!

Ich schloß die Tür, um mit meinem Mann und unserem Hausmeister zu beratschlagen, was zu tun sei. Aber erst einmal mußte ich Überzeugungsarbeit leisten; niemand wollte mir glauben, mein Mann nicht und seine Gäste aus Hannover erst recht nicht. Auch unser Hausmeister wollte die Schlange erst mit eigenen Augen sehen, bevor er sich eine Einfang-Strategie überlegte.

Zu fünft gingen wir ins Wohnzimmer. Natürlich war die Schlange nicht mehr dort, wo ich sie verlassen hatte. Wir mußten sie suchen. Ich entdeckte sie, zusammengerollt, hinter einem Sessel, wodurch ich rehabilitiert war.

Mein Mann wurde ans Telefon gerufen. Ich selbst ging meinen Hausfrauenpflichten nach. Der Hausmeister lief in seine Werkstatt, um eine Greifzange und einen Eimer zu holen. Die beiden Herren aus Hannover blieben mutig im Wohnzimmer zurück.

Die Schlange, durch die Unruhe aufgeschreckt, unterbrach ihr Schläfchen und kroch davon, um sich einen ruhigeren Platz zu suchen. Die beiden Männer verhielten sich ebenfalls ruhig.

Als sich unser tierischer Besuch neben einer größeren

Stehlampe erneut zusammenrollte, folgte die mutige Aktion: Einer der Männer hob die Lampe und stellte deren Fuß auf das bewegungslose Tier, um es festzuhalten.

Stolz empfingen die beiden den Hausmeister, als dieser zurückkam. Aber... die Schlange hatte das Weite gesucht. Es war ihr gelungen, sich aus ihrer unbequemen Lage zu befreien. Wie? Auch das bleibt eine unbeantwortete Frage.

Wohin hatte sie sich verkrochen? Wir durchkämmten das Wohnzimmer, danach die ganze Wohnung. Umsonst. Der Gedanke, das Zuhause mit einer Schlange zu teilen, war unbehaglich. Ich dachte an die Hochbetten der Pharaonen, die wir kurz zuvor in Kairo bewundert hatten. Unsere Betten waren kaum vierzig Zentimeter hoch.

Und niemand konnte sagen, ob es sich um eine Giftschlange handelte oder nicht...

Auf jeden Fall achteten wir in den folgenden Tagen und Wochen sorgfältig darauf, daß unsere Decken nicht über die Betten hinaus hingen. Und alle Schuhe, alle offenen Behältnisse wurden genau untersucht, bevor wir unsere Füße oder Hände hineinsteckten...

Die Schlange war und blieb verschwunden. Mit der Zeit ließ die Angst, sie könne uns etwas anhaben, nach; es kamen Tage, an denen sie nicht mehr in unseren Gedanken vorkam. Und heute gehört sie zu den orientalischen Einlagen, die es in Jerusalem eben auch gegeben hat.

Wie im Film

Katzen gehören zum Bild der Jerusalemer Altstadt, und es gibt sie in einer solchen Vielzahl und Vielfalt, was Farbe, Größe und Charakter anbelangt, daß es mir zuweilen so vorkommt, als wollten sie uns Menschen vorleben, daß es Platz und Futter genug für ein friedliches Nebeneinander und Miteinander gibt.

Nie jedoch habe ich so viele Katzen auf einmal gesehen, wie an jenem Abend, als mein Mann und ich in Abu-Tor, östlich der Straße nach Bethlehem, bei Angelika Schrobsdorff eingeladen waren.

Ich kann unserer Gastgeberin nur zustimmen: Ihre Wohnung sucht ihresgleichen in der Welt – ein arabisches Haus, aus Jerusalemstein gebaut, hohe Räume mit Bogenfenstern und kleinen Fensterscheiben, ein Innenhof, in dem sich selbst Pflanzen so wohl fühlen, daß sie nicht wachsen, sondern wuchern. Aber das Schönste an dem Haus ist eine riesige Dachterrasse, die den Blick freigibt auf die Judäische Wüste.

Bis zum Einbruch der Dämmerung konnten wir das wechselnde Farbenspiel beobachten: die Beige- und Brauntöne von Sand und Felsen, die sich nach und nach erst in Gelb- und Gold-, später in Violett- und Grautöne verfärbten. Wir konnten uns nicht satt sehen!

Unser Abendessen mußte noch warten. Zuerst wären die Katzen zu füttern. Frau Schrobsdorff meinte, uns dieses Unterfangen ersparen zu müssen, aber wir bestanden darauf, sie zu begleiten. In der Küche stand ein Korb mit verschiedenen Platten und Gefäßen voller Katzenfutter und Hühnerköpfen. Damit zogen wir los. Etwa einhundertfünfzig Meter vom Haus entfernt befindet sich ein öffentlicher Parkplatz. Der war unser Ziel.

Doch schon nach wenigen Schritten begann etwas, was mir noch heute wie ein Film vorkommt: Aus allen Richtungen sprangen Katzen auf uns zu und begleiteten uns in gebührendem Abstand. Schließlich waren wir von zwanzig bis dreißig Katzen umringt, die je nach Alter und Bedürfnissen ihr Futter bekamen, die einen aus einem Gemeinschaftstopf, die anderen allein in geschütztem Abseits.

Das Gewimmel und Gewusel ebbte ab. Die Bewegungen der Tiere wurden ruhiger, einige schlichen mit einem Leckerbissen im Maul bereits davon. Bald waren die Schüsseln und Platten leer. »Es war ein entscheidender Fehler, daß ich mit der Fütterei anfing«, sagte Frau Schrobsdorff. »Nun muß ich weitermachen.«

Jeder Urlaub, jede Reise ist davon abhängig, ob sie jemanden findet, der das Haus hütet und das Katzenvolk versorgt.

Filfil

1

Daß Hunde bei Fuß gehen, weiß man. Sie zeigen dabei, wer zu wem gehört. Der Mann zum Hund oder der Hund zum Mann.

Die Welt, in der unsere Geschichte handelt, liebt Hunde nicht. Katzen schon eher.

Er traf mich, längst ehe ich ihn wahrnahm, am Eingang zur Muristan Road. Von da an ließ er mich nicht mehr allein. Wie ein Bodyguard ging er bei Fuß.

Ich hatte wenig Aufmerksamkeit für ihn. In der Propstei wartete eine Reisegruppe.

Am Ende meiner Ansprache hörte ich, daß einige Teilnehmerinnen staunend bemerkten, wie interessiert und aufmerksam meine Katze zugehört habe. »Ich habe gar keine Katze«, gab ich zur Antwort. Ungläubiges Kopfschütteln.

Ihr Staunen wäre noch größer gewesen, hätten sie miterlebt, wie der kleine Kater hinter mir her die Treppe hinauf lief, bis vor unsere Wohnungstür. Hier packte ich ihn schließlich und brachte ihn zu meiner Frau.

»Da hat jemand Hunger«, sagte ich, setzte den Kleinen ab
und ging wieder meiner Arbeit nach.

2

So kam der kleine Gast zu mir. Er kam sehr ungelegen und
er nahm mich voll in Beschlag. Was er wollte, wußte er genau und erzwang es sich mit einer Intensität und Selbst-
verständlichkeit, die mich verwunderten.

Ich nannte ihn Filfil. Das klingt liebevoll, aber der
Name entsprach viel mehr seinem intensiven Auftreten.
Filfil bedeutet auf Arabisch »Pfeffer«.

Das Kerlchen war noch jung. Es hatte kaum die halbe
Größe einer ausgewachsenen Katze. Sein Fell war weiß
und ingwerfarben. Drei seiner Pfötchen waren weiß wie
auch sein Gesicht. Nur die Stirn hatte bräunliche Streifen.
Die gaben mir das Gefühl, als würde es dauernd seine
Stirn in Falten ziehen.

Ihm paßte tatsächlich einiges nicht.

Da so eine kleine Suq-Katze ein beliebter Tummelplatz
für Flöhe ist, wollte ich Filfil das Futter in einem flachen
Schüsselchen in den Vorraum zur Küche stellen. Er rührte
es nicht an und folgte mir auf Schritt und Tritt. Schließlich
stellte ich das Futter direkt neben meine Füße. Das war
ihm recht.

Als er satt war, wollte Filfil schlafen, aber nicht auf der
Decke, die ich ihm hingelegt hatte. Für ihn mußte es mein
Schoß sein. Mein Floh-Problem konnte ich vergessen.

Er beschäftigte mich ohne Ende, und ich war wieder
einmal sicher: Für uns gibt es kein Haustier!

Es wurde Abend. Als mein Mann nach Hause kam, be-
ratschlagten wir, was mit unserem Besucher zu tun sei. So
spät am Tag ging nichts mehr. Der Kleine bekam ein
Nachtquartier im zuvor verschmähten Küchenvorraum.

Am nächsten Morgen sollte unser Volontär versuchen,
die Herkunftsfamilie zu finden. Mir war eingefallen, daß

ich in der Nähe des Jaffa-Tores eine Katzenfamilie gesehen hatte, in die unser Kater altersmäßig paßte.

Ich streichelte Filfil zum Abschied – trotz seiner Flöhe – und war erleichtert, als wir wieder ohne Katzen-Bodyguard waren.

Doch in den Abendstunden tauchte Filfil wieder auf. Er hatte den Weg zur Propstei zurückgefunden und stand plötzlich vor unserem Rezeptionisten.

Nach einem weiteren Nachtasyl wurde er vor die Tore der Altstadt gebracht; von dort fand er den Weg nicht wieder zu uns. Ich kann nicht leugnen, daß ich irgendwie enttäuscht war. Herz und Verstand waren durchaus nicht auf einer Wellenlänge.

Einige Tage später besuchte uns unsere Pflegetochter. Ich erzählte ihr von Filfil.

Sie mußte gemerkt haben, daß sich der Kleine einen Platz in meinem Herzen erobert hatte: Ihren ersten Film, den sie bei ihren Gängen durch die Altstadt vollgeknipst hatte, ließ sie umgehend entwickeln. Als sie mir die Photos zeigte, waren da mehrere halbwüchsige braun-weiße Katzen zu sehen, aber Filfil war nicht dabei.

Tauben

Weder unser Hausmeister, noch der alte Schreinermeister Abu Kamal waren begeistert, als ich ihnen erzählte, daß sich ein Taubenpaar auf der äußeren Fensterbank unseres Eßzimmers eine Kinderstube eingerichtet habe. Daß auch in Jerusalem Tauben unbeliebt sind, war mir neu. Aber unsere Tauben waren nicht wie die üblichen Tauben: Sie waren klein und hatten topasfarbenes Gefieder. »Also sind es

Wildtauben«, sagte Abu Kamal, »dann ist es schon recht, wenn sie dort brüten wollen.«

Vom Turteln übers Nestbauen, vom Eierlegen bis zum Flüggewerden der Jungen haben wir sechs Jahre lang das Familienleben verschiedener Taubengenerationen miterleben können, und das hat uns große Freude bereitet.

Natürlich ist nicht alles glatt gegangen. Da fiel ein Ei oder gar ein Junges aus dem Nest; da gab es irgendwann nur noch einen aufgeregten Elternteil, und die Eier wurden nicht zu Ende ausgebrütet; da überlebte eines der Jungen den ersten Ausflug auf das Dach des Kreuzganges nicht, weil die Katze der Diakonin gerade unterwegs war...

Doch jedes Mal, wenn sich im Frühjahr »unsere« Tauben wieder bei uns einfanden, waren wir voller Freude – eine Freude, für die wir keinerlei Einsatz zu leisten hatten. Denn die Vögel ließen sich durch nichts stören, nicht einmal durch laute Gespräche mit Gästen oder elektrisches Licht bis spät in die Nacht.

Touristen besonderer Art

Eine der schönsten Erfahrungen war für mich die Begegnung mit einer Gruppe junger Leute in unserer Kirche. Sie hatten den Turm bestiegen und kamen zum Ende der täglichen Mittagsandacht herunter. Auf Englisch sprach mich eine junge Frau an. Sie fragte, ob ich bereit sei, auch für sie und ihre Freunde eine Andacht zu halten.

Warum nicht? Wir setzten uns im Kreis in den Chorraum. Ich besorgte eine englischsprachige Bibel und zündete die Kerzen wieder an.

Singen könnten sie nicht, meinte die junge Frau, und ob

wir uns zum Kennenlernen ein wenig unterhalten könnten. Es interessiere sie, wie man denn so in der Altstadt Jerusalems lebe. Ich erzählte von den Geräuschen und Gerüchen, von den Touristenströmen und den Menschen, die hier wohnen.

Es kamen ganz gezielte Fragen, wie wir denn mit den Palästinensern auskämen und wie die Beziehung zu den jüdischen Nachbarn sei. »Richtige Nachbarn«, sagte ich, »fehlen mir hier am meisten.« Und ich beschrieb die Situation: Hinter unserem Haus gibt es eine Yeshiva, eine Talmud-Schule, die von Kindern und Erwachsenen besucht wird. Etliche Familien wohnen dort. Wir begegnen ihnen, wenn wir über den Platz oberhalb der Marktstraßen zu unserem Gästehaus oder zum jüdischen Teil der Altstadt gehen. Aber sie interessieren sich nicht für uns. Unser Grüßen wird nicht erwidert. Die Männer schauen ohnehin zur Seite, wenn sich eine Frau nähert – Ausdruck ihrer Glaubenspraxis. Ich erzählte von der Frau unseres Ammaner Vikars, die mit ihren beiden kleinen Söhnen auf dem öffentlich zugänglichen Spielplatz dort hatte spielen wollen und weggeschickt worden war. Ich berichtete von dem Wachtturm, der auf dem Gelände der Yeshiva gebaut wurde. Auch die taufrische Erfahrung verschwieg ich nicht, wie Siedler, die uns gegenüber wohnen, eines Tages mit einer großen Kinderschar anrückten und, ohne Rückfrage, vor der Kirche auf der Muristan Road, die zum Gelände der Propstei gehört, ein Kinderfest inszenierten. Bälle flogen den Händlern in die Auslagen, Touristen, die sich unter den Sonnenschirmen unseres palästinensischen Nachbarn, eines Getränkeverkäufers, niedergelassen hatten, flüchteten. Der Lärm war ohrenbetäubend. »Wir können uns aufhalten, wo wir wollen«, hatten sie gemeint, als sie zur Rede gestellt wurden.

Natürlich erzählte ich den jungen Leuten auch von dem erfreulichen Zusammentreffen von Vertretern beider Völ-

ker in der Propstei und bei uns zu Hause, von unserer Erfahrung, daß wir bisher als Deutsche nie angegriffen oder
mit Verachtung behandelt worden seien. »Jerusalem ist zur
Zeit unser Zuhause, und wir fühlen uns zu Hause – bei
allem und trotz allem«, stellte ich abschließend fest.

Da beugte sich einer der jungen Leute vor und sagte:
»Wir sind alle israelische Soldaten. Dürfen wir mal wieder-
kommen?« – Natürlich dürften sie das!

Meine Frage, ob sie nun wirklich eine Andacht wollten,
wurde einstimmig bejaht.

Und so hielt ich sie gerade noch einmal, wie ich sie
zuvor auf Deutsch gehalten hatte, über Psalm 34 – ohne
Lieder, aber dafür mit Erklärungen zu allen Teilen, die
für jüdische Ohren fremd sein müssen. Das Erstaunen
war groß, daß wir Christen ihre Psalmen kennen und daß
sie in unserer Bibel zu finden sind.

Glück gehabt

Selbst nach mehreren Jahren in Jerusalem konnte ich die
wenigsten Schriftzüge, die an die schützenden Eisentore
der Läden und an die Häuserwände – auf Arabisch und
Hebräisch – gesprüht oder geschrieben waren, lesen. Für
mich ging es nicht um Inhalte, sondern um das Faktum,
daß die Männer, die dies taten, selbst vor Kirchen und Synagogen nicht haltmachten.

Eines Abends hörte ich durch das offene Fenster ver-
dächtige Geräusche. Wegen der Gitter konnte ich fast
nichts sehen. Ich nahm meine Schlüssel und ging auf die
Straße hinunter.

Vor der Kirche sah ich drei junge Männer. Sie schienen

nicht gesehen zu haben, daß ich aus dem Haus gekommen war, und hielten mich wohl für eine Passantin.

Eine Sprühdose stand am Boden, eine zweite hatte einer der Männer in der Hand. Es bestand kein Zweifel, daß die Kirche mit ihren einladenden frischgetünchten Flächen das Ziel ihrer Aktion war.

»Warum machen Sie das?«, fragte ich freundlich auf Englisch. Und prompt kam die Antwort: »We tell what we think.«

»Aber wir können doch gar nicht lesen, was ihr auf Arabisch schreibt. Und was ihr denkt und leidet, wissen wir. Unsere palästinensischen Mitarbeiter erzählen es uns und auch die Händler hier in den Gassen. Es ist euer Recht, zu sagen, was ihr denkt, aber doch nicht so! Wolltet ihr, daß wir hingehen und eure Moscheen besprühen? Auch unsere Kirche ist ein Gotteshaus!«

Ich war überrascht, daß sie mir zuhörten.

»Und übrigens«, ergänzte ich, »bevor ihr morgen früh zurückkommt, wird unser Hausmeister ohnehin alles überstrichen haben. Ihr verschwendet nur eure Farbe!«

»We shall discuss it with our boss«, versprach einer der Jugendlichen, und sie machten Anstalten, die Szene zu verlassen. Ich bückte mich und griff nach der Sprühdose. Es kam kein Protest, auch nicht, als ich mich damit verabschiedete, um zurück ins Haus zu gehen.

»Du traust dich was«, sagte mein Mann, als ich ihm von meiner Begegnung mit den jugendlichen Sprühern erzählte. »Vielleicht werden wir jetzt noch mehr mit ihnen zu tun kriegen. Du weißt ja, wie das hier ist mit der Ehre und den Worten einer Frau!«

Unsere arabischen Mitarbeiter dachten ähnlich wie mein Mann. Sie wollten zuerst gar nicht glauben, daß ich gewagt hatte, mich mit den Leuten anzulegen. (Die halbvolle Sprühdose war jedoch als Beweis ausreichend.) Selbst ich war im Nachhinein ein wenig über mich erschrocken.

Noch vor dem Frühstück lief ich am nächsten Morgen auf die Straße. Die Kirche und die Propstei waren frei von unwillkommenen Mitteilungen. Und das blieben sie auch für mehrere Monate.

Nächtlicher Besuch

Die evangelische Erlöserkirche steht, nur wenige Schritte von der Grabeskirche entfernt, mitten in der Altstadt. Tagsüber umgeben sie die Farben und Geräusche des Basars. In der Nacht sind die Straßen wie ausgestorben. Gelegentlich kommen einige verspätete Touristen vorbei oder die Patrouillen der israelischen Grenzpolizei.

In der Heiligen Nacht hatten wir anderen Besuch: Am Weihnachtsmorgen war die Kirchenwand voller arabischer Inschriften. In roter Farbe hatte die PPF (Palästinensische Nachfolgeorganisation der Kommunisten) gesprüht: »Die PPF wünscht dem Volk der Christen frohe Weihnacht.«

Dieser Gruß wäre mir auf Briefpapier zwar lieber gewesen, ich habe ihn dennoch als freundlich empfunden.

Neben diesen Zeilen hatte sich die Fatah in schwarzer Schrift zu Wort gemeldet. Ihr Gruß lautete sinngemäß: »Die Fatah ist hier vorbeigezogen. Als ich heranwuchs, erblickte ich rings um mich Gewehrläufe. Meine Mutter lehrte mich kämpfen. So ist der Kampf meine Bestimmung.«

Die Inschriften an der Kirchenwand spiegeln die Situation zwischen Palästinensern und Israelis, zwischen Friedenshoffnung und Haß wider. Unlängst wurde am Eingang von Bethlehem ein Stern angebracht. Eine Leuchtschrift wünscht: »Merry Christmas«.

Dahinter flackern weiterhin die Lichter des militärischen

Checkpoints. Es ist zwar Weihnachten, aber noch lange kein Frieden.

Dieser Tage meinte eine alte, palästinensische Christin: »Vor einigen Jahren lebten Juden, Christen und Muslime noch wie gute Nachbarn beieinander. Es ist schlimm, daß sich das geändert hat. Es ist auch schlimm, daß es gerade in der Zeit vor Weihnachten so viel Haß und Gewalt gibt. Aber vielleicht sollen wir gerade dadurch daran erinnert werden, wie wichtig es ist, daß der Erlöser kommt.

Touristenfrage

Die Pfarrvikarin war eine gute Predigerin, aber eine laute Stimme hatte sie wirklich nicht. Das Mikrophon war für sie und die Gemeinde äußerst hilfreich.

Doch an einem Sonntag reichte es nicht aus: Mitten in der Predigt setzte das laute, tiefe Dröhnen der Glocken von der Grabeskirche ein und wollte kein Ende nehmen. Ein untrügliches Zeichen, daß einer der Patriarchen unterwegs war zum Gottesdienst.

Es war wirklich mühsam, den Worten der Predigt zu folgen. Endlich kam der letzte Schlag und damit eine wohltuende Stille. Doch nach zwei, drei klar verständlichen Sätzen setzte der Muezzin ein, und der hatte gerade an dem Tag eine besonders lange Sure.

Am Ende des Gottesdienstes stürzte eine Touristin auf meinen Mann zu und fragte, ziemlich ungehalten: »Können Sie das mit den Glocken und dem Muezzin nicht besser organisieren?«

Ja – wenn wir den Lauf des Mondes bestimmen könnten und die Laufgeschwindigkeit eines Patriarchen…

Konzerte

Die regelmäßigen Konzerte, die die Erlöserkirche organi-
sierte, gehören zum Schönsten, was ich in Jerusalem erfahren habe. Da erlebten wir, wie Musik Grenzen über-
windet: Es kamen Christen, Juden und, wenn auch in
kleiner Zahl, Muslime. Und nach dem Konzert standen sie
im Kreuzgang zusammen, tranken ein Glas Wein oder Saft
und kamen miteinander ins Gespräch.

Je nach Programm fanden die Konzerte in der Kirche
oder im »Refektorium«, dem Gemeindesaal, statt und, in den
Sommermonaten, auch im Hof des mittelalterlichen Kreuzganges. Letztere waren die Höhepunkte für mich überhaupt. Die festliche Beleuchtung unten, der Sternenhimmel
über uns. Gemeinsames Lachen, wenn ein aufmerksamer
Vogel die Pausen für eine Einlage nutzte oder der Muezzin
eine Unterbrechung erzwang. Fröhliches Schmunzeln, als
sich einmal eine Katze ins Rampenlicht rückte, indem sie
sich unter dem Cembalo zum Schlafen einrichtete.

Was Konzerte anbelangt, bin ich in meinem Leben nie
unterversorgt gewesen, aber in Jerusalem kam die Musik
zu uns ins Haus. Wo sonst gibt es das auf der Welt?

Leorine

Sie starb an einem Sonntag. Hier im Lande werden die To-
ten meist an ihrem Sterbetag beerdigt. Wie sollte das in den
knappen Stunden bis zum Anbruch der Dunkelheit möglich sein? Zuerst mußte mein Mann den Gottesdienst in der
Erlöserkirche halten.

Gleich danach versuchte er, den Totengräber für den christlichen Friedhof zu erreichen. Der war nicht aufzuspüren. Die frühere Vikarin, die Leorine gut gekannt und sie im Altenheim regelmäßig besucht hatte, war irgendwo im Norden des Landes unterwegs. Unser Vikar war mit Volontären auf einer Freizeit. Es war klar, daß die beiden Leorine auf ihrem letzten Weg begleiten sollten. Nur, wie sollten wir sie erreichen? Die Zeit drängte. Bei den hochsommerlichen Temperaturen konnte Leorine nicht im Altenheim bleiben. Ein Telefonmarathon begann. Durch eine der Jesusschwestern wurde eine Kühlzelle im Krankenhaus gefunden. Unseren Hausmeister machten wir bei seinen Verwandten ausfindig. Er machte sich daran, die Sitzbänke aus dem Gemeindebus auszubauen. Die beiden Männer organisierten den Transport.

In der Aufregung hatte mein Mann seinen Ausweis vergessen und hielt beim Checkpoint nur Leorines Paß in den Händen. Das Mitgefühl beim Anblick des Sarges, ließ den Soldaten ungewohnt unbürokratisch reagieren: Er winkte den Wagen durch die Sperre, ohne die Papiere zu kontrollieren. So kam Leorine ohne Sondergenehmigung nach Jerusalem, und mein Mann ohne eigenen Paß.

In den beiden Tagen bis zur Beerdigung war mir Leorine so nahe gerückt, daß ich sie gern auf ihrem letzten Gang begleitet hätte. Das ging nicht. Ich bedauerte dies um so mehr, als die Trauergemeinde sehr heiter vom Friedhof zurückkam.

Die alte Dame muß ein Original gewesen sein, ein Mensch, der sich als einzigartiges, ganz besonderes Geschöpf verstanden und auch so gegeben hatte.

Sie hatte mehrfach gegenüber der Vikarin die Furcht geäußert, man würde sie nach ihrem Tod irgendwo an einem Friedhofsrand verscharren. Dies war nun ganz und gar nicht geschehen: Leorine war mit dem Trauerzug versehentlich zu einer Grabstelle geleitet worden, die gar nicht für sie bestimmt gewesen war – in der Mitte des Friedhofs. Und weil der Totengräber nicht zugegen war, um das Grab zuzuschaufeln, wurde diese Arbeit im Anschluß an die Trauerfeier von Propst, Vikar und Gemeindepraktikant übernommen. Als der Totengräber schließlich kam und den Irrtum bemerkte, konnte man die Tote nicht mehr umbetten.

So bekam Leorine nicht nur das Geleit von einer stattlichen Anzahl von Theologen, sondern auch einen Ruheplatz im Zentrum des christlichen Friedhofes in Jerusalem.

Was geliebt wird, ist schön

Das alljährliche Weihnachtskonzert in der Erlöserkirche ist für viele der Auftakt zum Fest. Fast immer ist die Kirche bis auf den letzten Platz besetzt.

Spannend war es in jenem Jahr, einen Weihnachtsbaum zu besorgen. Traditionsgemäß hat er zum Weihnachtskonzert – vor allem auch für unsere jüdischen Besucher – in seiner Lichterpracht zu erstrahlen. Aber es gab einfach noch keine Bäume! Sie sollten erst zwei Tage nach dem Konzertereignis geschlagen werden.

Für unsere Organistin war klar: Ohne Lichterbaum geht es nicht! (Sie hatte ein eigenwilliges, aber sehr schönes Konzertprogramm zusammengestellt – für Orgel, Oboe, Klarinette und Fagott. Wie ein roter Faden zog sich die Melodie »Vom Himmel hoch, da komm ich her« in verschiedenen Fassungen durch das Konzert.)

Es wurde telefoniert. Einrichtungen, auf deren Gelände sich zahlreiche Nadelbäume befanden, wurden befragt. Schließlich stiftete Talitha Kumi, die evangelische Schule in

Beit Jala bei Bethlehem, eine Zypresse: so schlank und rank, wie sie war, hatte sie allerdings wenig Ähnlichkeit mit einem Tannenbaum.

»Nun gut«, sagte ich, »nehmen wir sie für das Konzert. Wenn dann die richtigen Bäume kommen, wird sie ausgetauscht.«

Praktikantin, Volontär und Vikarin schmückten die Zypresse mit Liebe, Begeisterung – und unter erschwerten Umständen. Weil die Leitern nicht ausreichten für die ungewöhnliche Höhe, mußte sie im Liegen geschmückt und dann aufgerichtet werden.

Der Baum gewann unsere Herzen. Keiner dachte mehr daran, ihn auszutauschen. Er wird für uns etwas Besonderes bleiben, so, wie die Rose für Saint-Exupérys Kleinen Prinzen: »Die Zeit, die du für deine Rose verloren hast, sie macht deine Rose so wichtig...«

Weihnachtskarte

Ich gebe es ohne Zögern zu: Mein erster Gedanke beim Anblick der Weihnachtskarte, die uns unser palästinensischer Rezeptionist in die Hand drückte, war nicht nett. ›So ein Kitsch‹, dachte ich, ›wie kann man nur!‹

Aber im Gegensatz zu künstlerisch wertvolleren Karten, ist sie nicht in den Papierkorb gewandert. Sie liegt nach nun bald zehn Jahren immer noch in meiner Schreibtischschublade, und ich nehme sie zuweilen in die Hand und betrachte sie – fast mit wehmütigen Gedanken.

Da ist ein blondes Elternpaar abgebildet, mit einem rosigen Säugling, inmitten einer paradiesischen Landschaft in satten Grüntönen, mit Wald, Wiesen, Blumen und Früchten.

Die Umgebung der Geburtsstadt Jesu dagegen ist karg und steinig und eher gekennzeichnet durch Felsschluchten und Wüstensand, durch struppiges Gebüsch und Disteln – nicht durch sanfte Hügel mit saftigen Wiesen und üppigen Bäumen.

Seit wir in Jerusalem lebten, kann ich mir die Mühsal der Reise von Maria und Joseph gut vorstellen. Gerade in der Weihnachtszeit regnet es oft. Es ist kalt und unwirtlich; man friert, auch wenn es selten Minusgrade gibt. Die Feuchtigkeit kriecht durch alle Ritzen, und die Sonne wird ihrer nicht Herr. Von frischem Grün ist die Landschaft noch etliche Wochen entfernt, und der sonst so strahlend blaue Himmel ist grau und verhangen.

Wer unterwegs ist und keine Herberge hat, ist schlecht dran.

Die dargestellte Idylle auf der Karte hätte für mich nichts mit dem weihnachtlichen Bethlehem zu tun, wäre da auf dem Bild nicht ein freier Blick zum Himmel zwischen den Bäumen am Horizont.

Weihnachten hat doch mit Gott und dem offenen Himmel zu tun, mit dem Stern, der den Weisen den Weg weist, mit den Engeln, die den frierenden Hirten, die außerhalb einer satten Geborgenheit leben, die Botschaft verkünden, daß Gott Frieden für uns Menschen will.

In Jesus kam er auf diese gequälte Erde, an den Ort, wo Menschen noch immer und wieder leiden, damit Er uns vorlebe, wie wir Frieden schaffen und in Frieden leben können.

Nachdem ich begonnen hatte, das Bild auf der Weihnachtskarte mit liebenden Augen zu betrachten, begriff ich, daß es Sehnsucht ausdrückt nach dem Beginn einer neuen Welt, in der es Geborgenheit gibt für alle.

Weihnachten in der Propstei

Zehnmal haben wir als Propst-Ehepaar Weihnachten in Jerusalem erlebt. Ganz sicher haben wir es intensiver erlebt als in Deutschland, denn wir wurden nicht schon ab Oktober durch Prospekte im Briefkasten, durch Angebote in Kaufhäusern und Straßen, durch Musik aus den Lautsprechern eingestimmt – oder eher abgestoßen.

Weil es kein allgegenwärtiges Vorspiel gibt, ist Weihnachten für Nichtchristen fast nicht spürbar. Und jedem, der Weihnachtliches in Israel erwartet und nicht findet, wird klar werden, daß die Christen im Heiligen Land eine Minderheit sind: Abgesehen von der einst christlichen Stadt Bethlehem gibt es Weihnachten in der Öffentlichkeit nicht.

In der Propstei trafen wir uns an den Adventssonntagen immer zum gemeinsamen Frühstück mit Mitarbeitern und Mitarbeiterinnen. Eine weihnachtliche Geschichte aus der Bibel, eine Gestalt oder ein Symbol standen im Mittelpunkt der Andacht, mit der wir das Zusammensein begannen. Wir sangen Adventslieder, erzählten einander. Wer in der Weihnachtszeit nicht in der Heimat ist, dem werden, so scheint es, Erinnerungen wach, die sonst vielleicht weiter geschlummert hätten.

Für uns war Weihnachten im Heiligen Land kein Familien-, sondern ein Gemeindefest. Die Gemeinde setzt sich dort größtenteils aus Menschen zusammen, deren Familien in der Ferne leben.

Keiner sollte Weihnachten allein sein, und so öffneten wir unsere Wohnung. Viele fanden dort Platz und Gemeinschaft. Miteinander erlebten wir den Nachmittag und den Heiligen Abend: Wir sangen die vertrauten Lieder, hörten auf Weihnachtsgeschichten. Immer gab es ein festliches Essen. Immer gab es Kammermusik. Und immer gingen wir gemeinsam in den Weihnachtsgottesdienst.

Der war mehrsprachig, denn in der Erlöserkirche feierten vier lutherische Gemeinden gemeinsam: die arabische, die amerikanische, die dänische und die deutsche. Die Kirche war immer bis zum letzten Platz gefüllt, und manche mußten auf dem Fußboden, auf Treppenstufen und Säulenstümpfen sitzen.

Nach dem Gottesdienst sammelten wir uns im offenen Kreuzgang der Erlöserkirche, noch mit unseren Kerzen in der Hand. Wir standen in Gruppen, je nach unserem Herkunftsland, und sangen uns, unter der stimmgewaltigen Regie des amerikanischen Pfarrers, die schönen Weihnachtslieder unserer Heimat zu.

Weihnachtsphoto

Ich war auf dem Heimweg vom Gottesdienst auf den Hirtenfeldern bei Bethlehem und hatte es eilig. Zu Hause warteten meine Frau und die Gäste, die unserer Einladung zum »Open House« gefolgt waren.

Eigentlich hätte ich wissen müssen, daß Abkürzung oft nur ein anderer Ausdruck für Umweg ist. Es sah so aus, als würde dies wieder einmal bestätigt werden.

Auf der Straße vor mir flackerten die Lichter einer Militärkontrolle. Der Schreck fuhr mir in die Knochen. Ich mußte irgendwo eine Abzweigung übersehen haben. Auf alle Fälle befand ich mich nun auf der Straße unterhalb des berühmt-berüchtigten Har-Homa. Der Berg sollte bebaut und zugleich Großjerusalem zugeschlagen werden.

Die Palästinenser sahen darin einen weiteren Versuch Israels, den Pilgertourismus noch vor Bethlehem abzufangen und ihnen eine Existenzgrundlage zu zerstören. Aber auch jüdische Grundstücksbesitzer zogen gegen die drohende Enteignung vor Gericht. Das Gelände, in dem ich mich bewegte, war also heiß.

Ausgerechnet hier befand sich einer der Kontrollpunkte des israelischen Militärs. ›Hoffentlich ist das nur die übliche Routine‹, dachte ich noch. Da wurde ich bereits gestoppt.

Normalerweise schalte ich bei nächtlichen Kontrollen das Innenlicht des Autos an. Meist reicht der Blick auf den Lutherrock und das Amtskreuz, um durchgewunken zu werden.

Diesmal war das nicht der Fall. Ein Soldat klopfte ans Fenster und bedeutete mir, ich solle es herunterkurbeln. Meine Stimmung wurde grantig. Aber was sollte ich tun? Nur keinen zusätzlichen Ärger bekommen!

Der Wachtposten musterte mich. Dann fragte er: »Are you a priest?« – »Ja, so kann man es nennen«, antwortete ich.

»Oh«, fuhr er fort, »would you mind taking a photo?« – »Why not?«, gab ich zur Antwort.

Doch er wünschte sich kein einfaches Bild: Priester mit Auto in der Heiligen Nacht. Er wollte, daß ich aussteige. Dann gab er die Kamera einem Kollegen, stellte sich neben mich und legte seinen Arm um meine Schultern. Ich kam mir vor wie Santa Claus, den ein Kind bestaunt.

Natürlich war ich wieder zu spät zum Open House. Als ich aber meine Geschichte erzählte, ging es den Anwesenden wie mir: Es breitete sich eine große Heiterkeit aus.

Schade, daß ich in der Eile vergessen hatte, dem Soldaten meine Anschrift zu geben. Es wäre schön gewesen, eine Kopie des Weihnachtsphotos zu erhalten. Vor allem für diejenigen, die meine Geschichte bezweifeln, weil sie so unwahrscheinlich klingt. Aber wer wollte gerade an Weihnachten bestreiten, daß da immer wieder seltsame Dinge geschehen, und noch dazu im Heiligen Land?

Weg nach Bethlehem

Wir waren schon fünf Jahre in Jerusalem, als ich zum ersten und einzigen Mal am Heiligen Abend auch in Bethlehem war. Immer hatten mich das »Offene Haus« und meine Hausfrauenpflichten daran gehindert.

Zu diesem Weihnachtsfest stellte sich ein persönlicher Weihnachtsengel an meine Seite: Eine gute Bekannte hatte sich vorgenommen, mich zu entlasten. Sie sorgte dafür, daß das Geschirr abgeräumt wurde und arbeitete parallel zur Spülmaschine. Ihre Gottesdienstbesuche hatte sie so geplant, daß sie während der Weihnachtsvesper in der Erlöserkirche weiterarbeiten konnte. Deshalb sah unsere Wohnung, als wir zurückkehrten, schon wieder so aus, daß ich mich aus dem Augenblick heraus entschloß, mit einer ökumenischen Gruppe nach Bethlehem zu wandern.

Es war eine trockene, sternenklare Nacht. Wir liefen schweigend oder im Gespräch. Ab und an verweilten wir und bekamen von einem katholischen Priester Worte zum Meditieren oder Diskutieren auf den Weg.

Auf diesen zwölf bis dreizehn Kilometern lernte ich viele Menschen kennen. Etliche Kontakte blieben...

Es gab viel zu sehen in der Nacht: das intensive Blau des Himmels, die Sterne und die Lichter auf der Erde, eine Kerze in einem hohlen Baum am Straßenrand, Tiere, die über den Weg huschten, die an Jahrmarkt erinnernde Festbeleuchtung vor und in Bethlehem selbst.

Es war etliches auch zu hören: unsere Schritte auf dem unterschiedlichen Pflaster, das Flüstern der Leute im Gespräch, ab und zu Vogelstimmen – als gäbe es für Vögel keinen Nachtschlaf –, fröhliches Gehupe von Autos, die aus Bethlehem zurückkehrten.

Am Checkpoint wünschten uns die Soldaten ein frohes Fest. Keiner fragte nach Pässen...

Danach wurde der Weg steinig und unbequem. Die auch sonst lange Straße zur Geburtskirche schien heute kein Ende nehmen zu wollen,

Als wir endlich am Platz vor der Kirche ankamen, hatte sich der Markt verlaufen. Der »begehbare Weihnachtsbaum«, den man in dem Jahr als Ersatz für den echten Baum aus Skandinavien – der war im Zoll steckengeblieben – aufgestellt hatte, stand wuchtig vor uns und blinkte uns an.

Wie man es im Orient liebt, hatte er »Kettenbeleuchtung«. Der Baum leuchtete mal hier, mal dort auf, nur für wenige Augenblicke erstrahlte er in seiner ganzen Pracht. Ein Zwischending unserer schlichten, feierlichen Weihnachtsbäume auf öffentlichen Plätzen in Deutschland und den sonst hier üblichen Bäumen mit mehrfarbiger Intervallbeleuchtung und Flitterschmuck.

Überhaupt wird Weihnachten an seinem Ursprungsort volksfestartig gefeiert – laut und fröhlich, mit vielem gutem Essen und reichlich Verpackungsmüll auf den Straßen.

Die Grotte in der Geburtskirche war voller Menschen. Die Unterschiedlichkeit, in der sie ihren Glauben äußerten, repräsentierte die Bandbreite, mit der Gott durch alle Zeiten klarkommen muß: Eine Gruppe amerikanischer Priester oder Mönche in weißen Gewändern hielt einen Gottesdienst, Nonnen beteten auf dem Boden liegend, Menschen saßen oder knieten, beteten oder schliefen. Dazwischen Touristen, die ihre Weihnachtsphotos schossen, daneben zerlumpte, verhärmte Menschen... Einer hatte sich ein Lager bereitet und schlief. Sein Schnarchen wirkte wie ein Basso continuo zum Gesang der Weißgewandeten.

Irgendwie fühlte ich mich fehl am Platz. Ich sehnte mich nach Stille und fand sie erst in einer Seitenkapelle.

Ich dachte zurück an meinen ersten Besuch in der Geburtsgrotte. Eine junge palästinensische Krankenschwester hatte uns damals begleitet. Unvergeßlich sind mir ihre strahlenden Augen, als sie mit Überzeugung feststellte: »Dort war der Stall, dort in der Steinkrippe hat Er gelegen!«

»Weihnachten ist überall«, heißt ein Buchtitel. Er hat einen neuen Wahrheitsgehalt für mich bekommen.

Drei Weihnachten

Ein Schlüsselerlebnis war es, als ich begriff, daß Weihnachten im Heiligen Land gleich dreimal gefeiert wird. Durch unterschiedliche Kalender und Berechnungstraditionen ist für terminliche Variationen gesorgt: Die westlichen Kirchen beginnen, die orthodoxen folgen am Epiphaniastag, die Armenier schließlich beenden den Jerusalemer Weihnachts-Reigen am 19. Januar. Auf diese Weise können sich die Kirchenoberhäupter die Zeit nehmen, einander wechselseitig zum Fest zu besuchen und persönlich gute Wünsche auszutauschen – und sie tun es.

Und – das gibt es auch nur hier: Ein Weihnachtsbaum kann von Weihnachtsfest zu Weihnachtsfest weitergereicht werden. So machen es zwei befreundete Familien jedes Jahr.

Weihnachtsbesuch

Zum Jerusalemer Weihnachten gehörte für mich der Besuch einer jüdischen Frau.

Sie wohnte in unserer Nachbarschaft. Als Studentin war sie zum Judentum konvertiert und von Deutschland nach

Israel eingewandert. Sie nahm es mit ihrem Glauben, vor allem auch mit den Speisegesetzen, sehr genau.

Damit sie bei uns essen konnte, mußte ich mir einiges beibringen lassen – und ich empfand das Erlernen des Fremden, zum Beispiel des koscheren Kochens, fast wie ein Spiel: Da die Frau »parve« lebte, das heißt, weder Milchiges noch Fleischiges zu sich nahm, backte ich für sie Weihnachtsplätzchen, in denen Butter, Milch und Eier durch andere Zutaten ersetzt waren.

Jedes Jahr, wenn die Weihnachtsfeiertage hinter uns lagen, rief sie mich an und fragte, ob sie unseren Christbaum sehen dürfe. Dann besteckte ich jedes Mal den Baum mit frischen Kerzen, damit für sie die Erinnerungen an früher, an die Zeit vor ihrer Konversion, lebendig bleiben könnten.

Für die Zeit einer Kerzenlänge saßen wir beiden Frauen vor dem Baum, aßen das für sie kostbare Gebäck und freuten uns miteinander, bis das letzte Licht erloschen war.

Weihnachtsgeschenk

Wenn ich an unsere Nachbarin denke, fällt mir auch der kleine Johannes ein, der uns einmal ein ganz besonderes Geschenk brachte.

Johannes war das Kind einer deutsch-palästinensischen Familie, mit der wir in engem Kontakt standen. Nach dem Gottesdienst am Weihnachtsmorgen überreichte er mir aufgeregt ein Päckchen: »Du mußt es sofort auspacken, ich will es sehen«, forderte er.

Nur mit großer Mühe konnten seine Mutter und ich ihn überzeugen, daß ich das Päckchen zusammen mit »Herrn

Ronecker« auspacken müsse, weil das Geschenk doch für uns beide sei.

»Es ist ganz schön«, sagte Johannes beschwörend.

Der kleine Kerl konnte nicht ahnen, wie uns dieses Geschenk berühren würde – eine Menorah, das Symbol des jüdischen Volkes.

Drei Tage später kam unsere jüdische Nachbarin. Sie entdeckte die kleine Menorah auf unserem Gabentisch und sah mich fragend an.

Als ich ihr erzählte, daß wir den siebenarmigen Leuchter von einer befreundeten palästinensischen Familie geschenkt bekommen hatten, standen ihr wie mir die Tränen in den Augen.

Hunger

Der Tag nach Weihnachten war ein Samstag. Meist hielt ich an den Samstagen die Mittagsandacht in der Kirche.

Eine Touristengruppe hatte sich eingefunden. Wir saßen im Kreis in der Apsis, mit dem Blick auf die Lichter des Weihnachtsbaumes, einer Zypresse, die neben dem Altar stand. Ihre Zweige waren mit Strohsternen, Äpfeln und Mandarinen geschmückt.

Mitten in der Andacht schlurfte eine ältere Frau in die Kirche. Ich hatte sie schon öfter in der Altstadt gesehen. Zweifellos war sie im Heiligen Land gestrandet. Ihre Kleidung und die Plastiktüten, in denen sie ihre Habseligkeiten zu tragen schien, machten deutlich, daß sie nicht mit irdischen Gütern gesegnet war.

Zielstrebig ging sie auf den Baum zu, pflückte sich ein paar Früchte von den Zweigen und wandte sich zum Gehen.

Die Aufmerksamkeit der Gruppe war ganz auf das Tun der Frau gelenkt, so daß ich innehielt.

»Wie kann man so etwas tun?« empörten sich einige. »Warum haben Sie sie nicht daran gehindert?« fragten mich andere. Es war deutlich: Was diese Frau getan hatte, war für die Leute ungeheuerlich.

Als die Kirchentür ins Schloß fiel, wußte ich, was an dieser Erfahrung wichtig für uns war: »Die Frau hatte Hunger«, bemerkte ich, »und kein Christbaumschmuck der Welt kann kostbarer sein als der, der einen Menschen sattmachen hilft.«

›Sehr moralisch, was Du da sagst‹, dachte ich bei mir. Aber ich wußte auch, daß diese kleine Begebenheit für uns alle unvergeßlich sein würde.

Chanukka

Selten waren wir so häufig bei unseren jüdischen Freunden eingeladen wie in den Festzeiten, nicht nur am Seder-Abend oder zum Laubhüttenfest.

Feste sind Zeiten, wo man zusammenkommt.

Meist liegen das jüdische Lichterfest und Weihnachten nahe beieinander. Trotz der Lichter, die Chanukka und Weihnachten prägen, haben die Feste nicht das Geringste miteinander zu tun. Chanukka erinnert an die erneute Weihe des Zweiten Tempels in Jerusalem – nach der Beendigung der griechischen Herrschaft (163 v. Chr.). Der Tempel war in der griechischen Zeit Zeus geweiht gewesen und damit entheiligt worden. Er wurde nun von allen Spuren des Götzenkultes befreit. Als dann die ewige Flamme entzündet werden sollte, fand sich nur ein kleiner Rest geweihten Öls, das gerade für einen einzigen Tag reichen würde. Doch das

Öl brannte acht Tage lang, solange, bis neues, reines Öl gewonnen werden konnte. Chanukka ist deshalb ein achttägiges Freudenfest, das durch das Anzünden der Lichter an einem achtarmigen Leuchter – erst eines, dann zwei, am achten Tag acht – an dieses Ölwunder erinnert.

Gewöhnlich hat jedes Familienmitglied einen eigenen Leuchter, dessen typische Form der Gestalt der Menorah gleicht, aber eben mit acht Armen versehen und einem zusätzlichen kleinen Halter für den »Schamasch«, das Licht, mit dem die übrigen Kerzen entzündet werden.

Doch es gibt Hunderte Varianten. Die Kinder basteln sich ihre eigenen Leuchter in Schule oder Kindergarten. Viele stellen sie auf die Fensterbank oder in ein Kästchen vor dem Haus.

Es war immer reizvoll, zu Chanukka durch die abendliche jüdische Altstadt zu gehen – oder gar durch Mea Shearim, wo es bekanntlich besonders viele Kinder gibt.

Die Kinder haben zu den Festzeiten die Freude, daß sich ihre Eltern viel mehr Zeit für sie nehmen als sonst. Solange die Kerzen brennen, darf nicht gearbeitet werden. Es wird gespielt, gesungen, und es werden die traditionellen, in Fett ausgebackenen »Kreblach« gegessen. Als Gäste waren wir in diese familiäre Fröhlichkeit problemlos eingebunden.

Ramadan

In der Zeit des Ramadans war es immer besonders schwer, die mit Palästinensern verheirateten Frauen zu einem Treffen zusammenzubekommen. War der Ehemann muslimischen Glaubens, mußte die Frau kochen. Denn zu keiner

Zeit im Jahr wird so reichhaltig und liebevoll gekocht wie in den Wochen des Fastens.

Zuerst klang das für mich paradox: fasten bei Tage, schlemmen am Abend. Aber so ist die Tradition. Und da der Ramadan eine Zeit ist, in der Familie und Freunde einander treffen, ist sie auch Festzeit.

Nie habe ich so üppig gegessen wie bei unseren muslimischen Freunden während der Fastenzeit, und selten habe ich sonst miterlebt, mit welcher Ungeduld die Männer der Altstadt auf das Abfeuern der Kanone am Damaskustor warteten.

Wer zum Fastenbrechen nicht zu Hause bei seiner Familie sein kann, trifft sich mit Kollegen. Man bestellt Essen in einer der vielen Imbißstuben und ißt in Gemeinschaft. Zuweilen wurden wir von den Männern der Altstadt spontan eingeladen, mitzuessen. Diese Art von Gastfreundschaft ist herzerwärmend.

Und wir erlebten auch, daß Familien die Armen in ihrer Nachbarschaft im Ramadan mit Essen oder Geld versorgten.

Da der Ramadan keine feste Zeit im Jahreslauf hat, sondern im neunten Monat des islamischen Mondjahres stattfindet, kann er auch in die heißesten Monate fallen. Das spürt man dann im Straßenverkehr und an den häufigen Streitigkeiten in den Marktstraßen. Der Verzicht auf Essen, vor allem aber auf Trinken, setzt den Menschen zu. Gleich nach dem Fastenbrechen aber ist die Welt wieder ziemlich in Ordnung.

Die Fastenzeit soll lehren, den Körper zu beherrschen und die Leiden der Armen zu verstehen. Sie soll außerdem eine Möglichkeit der Sühne sein für Schuld und Versagen gegenüber den eigenen Glaubensgenossen.

Beim Fest am Ende des Ramadanmonats, das drei Tage dauert, und, wenn möglich, in neuen Kleidern begangen wird, sind dagegen Fremde und Andersgläubige nicht ausgeschlossen.

Kreuzwegstationen

Die Osterzeit ist in Jerusalem nicht denkbar ohne die
Gruppen aus aller Herren Länder, die betend und singend
die vierzehn Kreuzwegstationen – den angenomme-
nen Leidensweg Christi zum Kreuz – abschreiten. Immer
hatte ich Prozessionen nur als Zuschauerin erlebt. Ich
konnte mir nicht vorstellen, je eine andere Rolle einzuneh-
men.

Doch dann kam unser erster Karfreitag in Jerusalem,
und da alle Mitarbeiterinnen und Mitarbeiter es für selbstverständlich nahmen, daß ich dabei sein würde, hätte ich
sehr gut begründen müssen, warum ich mich scheute.

Also stand auch ich um sechs Uhr früh bei der ersten
Station, unweit der Annakirche und des Löwentores. Viele
Gemeindeglieder der Erlöserkirche – Araber, Dänen, Ame-
rikaner, Deutsche – und der Anglikanischen Kirche waren
bereits versammelt. Ein großes Kreuz wurde von zwei
Männern oder Frauen der Prozession vorangetragen. An jeder Station verlas man auf Englisch, Arabisch und Deutsch
ein Gebet und einen Bibeltext. Auch die Choräle auf den
Liedblättern waren mehrsprachig. Kräftige Stimmen sorgten dafür, daß alle, auch die Letzten in der Prozession,
gleichzeitig das Ende einer Strophe erreichten.

Einmal trug ich das Kreuz, zusammen mit der Frau des
arabischen Bischofs. Wir machten an der achten Station
halt, einer engen Wegstelle. Seit dem Aufbruch an der
ersten Station war vielleicht eine Stunde vergangen.

Das Leben in der Altstadt erwachte. Händler brachten in
Arabien und mit Dieseltraktoren ihre Waren heran. Wir
mußten zurücktreten und standen plötzlich mit dem Kreuz
im Müll, der noch nicht abgeholt worden war. Zuerst war
ich ärgerlich und spürte Beschämung. Doch dann wurde
mir bewußt: So war es damals. Die Schädelstätte befand

sich außerhalb der Stadt, dort, wo man den Müll entsorgte, auch den menschlichen…

Das gehört zum Besonderen an Jerusalem, daß man ganz unvermittelt zur Realität geführt wird, die zweitausend Jahre zurückliegt.

Karfreitagskollekte

Einmal geschah im Karfreitagsgottesdienst folgendes: Der Propst machte eine Abkündigung besonderer Art. Statt um eine Kollekte bat er um Blutspenden.

Es ist im Lande üblich, daß sich die Verwandten eines Patienten, der eine große Operation vor sich hat, als Spender zur Verfügung stellen.

Mein Mann hatte von einem jungen Juden gehört, der ohne Familie war und dessen Operation deshalb nicht stattfinden konnte. So stellte er im Gottesdienst die Frage, ob es Gemeindeglieder oder Besucher gebe, die bereit seien, dem jungen Mann zu helfen. Es fanden sich genügend Blutspender.

Liebenswertes Jerusalem – diese Erfahrung gehört dazu.

Fels in der Brandung

Zu den besonderen Erfahrungen der Passionszeit gehörte die Karfreitagsprozession der Kopten. Der Bischof, ein sehr spiritueller Mensch, hatte mich eingeladen, an dieser

Prozession teilzunehmen und übersetzte an den einzelnen Stationen seine Ansprache sogar ins Englische.

Einmal entstand oben auf dem Golgathahügel ein Geschiebe und Gewoge. Auch der Lärm nahm zu. Zunächst dachte ich: ›Es sind einfach zu viele Leute auf engem Raum. Das kann bald zum Sicherheitsrisiko werden.‹

Dann aber sah ich, wie ein großer Leuchter durch die Luft geschwungen wurde. Ich sah Polizei, und ich erlebte eine handfeste Prügelei. Wenn mein Arabisch besser gewesen wäre, hätte ich geschrieen: »Leute, was tut ihr am Gedenktag des Leidens unseres Herrn!«

Doch dann ebbte der Streit ab.

Was war geschehen? An den besonderen Orten, zu denen allen voran Golgatha gehört, haben die Griechen besondere Hüter eingesetzt. Einer dieser Aufpassermönche soll den koptischen Bischof geschubst haben.

Die jungen Leute aus seiner Begleitung schubsten zurück. Und plötzlich war da nicht mehr nur ein griechisch-orthodoxer Mönch, sondern mehrere. Auch die Kopten erhielten Verstärkung.

Der Bischof stand, in seine liturgischen Gewänder gehüllt, wie ein Fels in der Brandung. Dann winkte er einem jungen Mann – er war der Hauptträdelsführer der Prügelei – und gab ihm das Weihrauchfaß und ein Gebetbuch. Das mußte er dem Bischof vorantragen. Auf diese Weise wurde der junge Heißsporn eingebunden und an die Leine gelegt.

Ich habe später dem Bischof gegenüber meine Bewunderung ausgedrückt, daß er so ruhig stehen bleiben konnte und dadurch eine Eskalation vermeiden half.

Er lachte. »Sie halten mich für besser als ich bin. Ich blieb nicht stehen, um die Gemüter zu beruhigen, sondern weil ich nichts mehr sehen konnte. Es war so heiß in der Kirche. Der Schweiß floß mir in die Augen und blendete mich.«

»Immerhin«, antwortete ich, »wie Sie mit dem jungen Mann umgegangen sind, war großartig.«

Und in der Tat. Der Friede wurde wiederhergestellt und gleicherweise seine Ehre – das alles ohne strafende Blicke und ohne ein einziges böses Wort.

Gartengrab

Um 3 Uhr 45 läutet der Wecker. Gemeinsam mit den Hausbewohnern, der Vikarin, der Diakonin, dem Volontär, der das Licht trägt, das er von der Osternachtsfeier aus der katholischen Dormitio mitgebracht hat, gehen wir durch die dunkle Altstadt zum Gartengrab außerhalb der Stadtmauern. Das in den Felsen gehauene Grab, dessen Anlage von den Engländern liebevoll gepflegt wird, stammt wohl nicht aus der Zeit Jesu. Aber es zeigt sehr deutlich, wie es damals gewesen sein könnte: die Felshöhle und der Stein, der in einer Art Schiene laufend davorgerollt werden konnte. Es ist still und die letzten Sterne sind noch zu sehen. Die Menschen strömen. Wir haben mit etwa zweihundert Gottesdienstbesuchern gerechnet, mehr als doppelt so viele kommen. So fängt Ostern mit Teilen an. Teilen der Gottesdienstblätter, Teilen der Kerzen. Aus dem Teilen aber wachsen Kontakte und Offenheit für einander.

Alles stimmt an diesem Ostermorgen-Gottesdienst: die Liturgie, die Predigt, das Osterlicht, das die Menschen, von der großen Osterkerze ausgehend, einander weiterreichen, die einsetzende Morgendämmerung, der Hahnenschrei, die Lieder, das Vogelgezwitscher wie als Antwort darauf.

Ein Student trägt die große brennende Osterkerze später vom Gartengrab zur Erlöserkirche. Eine Gruppe von etwa zwanzig Menschen ist gefolgt. Wir stehen im Altarraum, als die Kerze auf ihren Leuchter gestellt wird. Wir singen und beten und verlassen dann die Kirche, um uns mit der Gemeinde zum Osterfrühstück zu treffen.

Scharenweise stehen die Leute auf dem Dach des Kreuzganges, um den Sonnenaufgang über dem Ölberg zu erleben.

Später erfahren wir, daß zwei junge Frauen in der Kirche eingeschlossen und offenbar erst von der Organistin befreit worden waren. Lachend erscheinen sie zum Frühstück, dankbar für eine Stunde Stille und Andacht und ein gutes Gespräch.

Orthodoxes Ostern

In der Woche vor dem orthodoxen Osterfest prägt eine eigene Menschengruppe das Bild der Altstadt: hunderte von älteren Frauen aus Zypern und Griechenland, die meisten schwarz gekleidet. Ihre Art von Gläubigkeit und Hingabe hat mich immer tief bewegt: Für sie sind die Orte des österlichen Geschehens von weit wesentlicherer Bedeutung als für uns. Die Via Dolorosa und die Grabeskirche sind ihnen reale Orte für Christi Leidensweg. Gleich beim Eingang der Grabeskirche befindet sich ein niederes Postament mit einer rötlichen Marmorplatte. Sie stammt aus einem späteren Jahrhundert, doch für die Frauen wird sie zum Ort, wo Christi Leib gewaschen und gesalbt wurde. Wieviele Fläschchen Öl wurden auf diese Platte gegossen, mit Rosenblättern und Blüten bedeckt, und wieder aufgefangen, um als kostbare Erinnerung mit heimgenommen zu werden!

Am Freitagabend bereits sitzen viele Frauen auf zusammenklappbaren Hockern in der Grabeskirche, dicht an dicht, um den Ostermorgen dort zu erwarten und das Osterlicht zu empfangen – ein Erlebnis für alle, die Gefühlsausbrüche und Menschenmassen nicht scheuen.

Der griechisch-orthodoxe Patriarch und ein armenischer Bischof betreten mit leeren Händen die Grabeskapelle, die zuvor nach Feuerzeugen und Streichhölzern sorgfältig untersucht worden ist, und ›empfangen‹ das heilige Feuer ›von oben‹, wie es heißt. Faszinierend ist die Geschwindigkeit, mit der die Flamme weitergereicht wird. In Sekundenschnelle ist der Raum ein Lichtermeer. Mich rührt die Art und Weise, wie die meisten versuchen, ihr Licht am Brennen zu halten.

Überhaupt ist für mich das orthodoxe Osterfest ein Fest für die Augen – und nicht für die Ohren: Die ›Glocken‹ der Grabeskirche sind alles andere als melodisch; handgeschlagene Gongs, die zur Todesstunde Jesu eine Stunde lang jede Minute, weit über die Altstadt hinaus hörbar, scheppern und dröhnen.

Alle in der Grabeskirche beheimateten Christen – Orthodoxe, Lateiner, Armenier, Kopten, Syrer – haben Prozessionen in der Kirche, lichterfüllt und farbenfreudig.

Unübersehbar ist das Aufgebot an Polizisten, die einigermaßen für Ordnung und Disziplin sorgen. Wenn man an die vielen Brände und Katastrophen in dieser Kirche denkt, ein sinnvoller Dienst.

Nur wenige Male habe ich mich selbst in dieses dichte Getümmel begeben. Meist wählte ich den Logenplatz auf der Brüstung unseres Kreuzganges.

Osterlachen

Die goldenen Zwiebeltürme der russisch-orthodoxen Kirche beim Garten Gethsemane sind weithin sichtbar. Wenn einer sagt, der Felsendom sei ein unübersehbares Wahrzeichen Jerusalems, dann gilt das auch für die Maria Magdalenen-Kirche. Dieses Wahrzeichen christlicher Gegenwart drohte zusammenzubrechen. Die Balken unter den Türmen waren morsch geworden. An eine Reparatur war aus finanziellen Gründen nicht zu denken.

Da erinnerte sich jemand daran, daß, als das Dach der evangelischen Himmelfahrt-Kirche hatte neu gedeckt werden müssen, es gelungen war, vorzügliche oberschwäbische Handwerker zu finden. Ob es wohl möglich wäre, sie ein weiteres Mal nach Jerusalem zu holen?

Es war möglich! Im Zusammenwirken verschiedener deutscher Fachleute und Geldgeber wurden die Zwiebeltürme repariert und das Kirchengebäude gerettet.

Bei dieser Gelegenheit lernten wir einen orthodoxen Priestermönch kennen. Er wohnte in unserer direkten Nachbarschaft und begegnete uns in der Osternacht am Ölberg wieder.

Nachdem wir vor der verschlossenen Kirchentür auf das befreiende Oster-Evangelium gewartet hatten und sich das Licht ausgebreitet hatte, eilte er, gemeinsam mit anderen Priestern, durch die dichtbesetzte Kirche, als wolle er an den Wettlauf der Jünger zum Grab erinnern. Immer wieder hielt der Mönch inne, schwang das Weihrauchfaß und grüßte in schier unzähligen Sprachen: »The Lord is risen! Christos anesti! Christos wosskressje! Al masih kam! Jesus est ressuscité!« Die Antwort ließ nicht auf sich warten: »He is risen indeed!« - »Alethos anesti!« - »Woistinu wosskressje!« - »Hakan kam!«

Als er meine Frau und mich sah, eilte er auf uns zu, um

auch uns die Osterbotschaft zuzusprechen: »Der Herr ist auferstanden!« Womit er allerdings nicht gerechnet hatte, war die Zahl der Deutschen, die wie aus einem Munde zur Antwort gaben: »Er ist wahrhaftig auferstanden!«

Das kam so überraschend und so stark, daß die ganze Gemeinde lauthals zu lachen begann. – Ein ungeplantes, aber um so echteres Ostergelächter.

Wer kann selig werden?

Vor einigen Jahren trafen sich die Pfarrer der Nahostgemeinden von Teheran bis Kairo in Jerusalem zu einer Tagung. Thema waren die altorientalischen Kirchen. In diesem Zusammenhang war auch ein Besuch bei den Schwestern von Maria Magdalena beim Garten Gethsemane geplant. Der Konvent gehört zur exilrussischen Orthodoxie mit Sitz in Australien.

Während des Gesprächs machte uns die Äbtissin unmißverständlich deutlich, daß wir für sie keine vollgültigen Christen seien. Ich habe dann gefragt, ob wir nach ihrer Überzeugung gar keine Hoffnung haben könnten, selig zu werden. Sie antwortete – und das klingt wie eine Wanderanekdote, aber wir haben es mit unseren eigenen Ohren gehört –: »Wenn man die unendliche Barmherzigkeit Gottes mitbedenkt, dann haben wohl auch die Protestanten eine Chance.«

Versöhnungstag

In Deutschland haben wir den Buß- und Bettag als offiziellen Feiertag abgeschafft. Er entsprach am ehesten Jom Kippur, dem Versöhnungstag, dem wichtigsten religiösen Tag für das jüdische Volk.

An diesem Tag ruht weitgehend der Verkehr. Es ist still in der Stadt. In Scharen ziehen die frommen Juden durch die Altstadt zur Klagemauer, um zu beten. Es ist ein eindrückliches Bild. Die Menschen tragen ihre Festtagskleider; manche sind in ihre Sterbegewänder gehüllt.

Die Synagogen sind von morgens bis zum Sonnenuntergang offen. An keinem anderen Tag im Jahr ist der Gottesdienstbesuch so selbstverständlich wie an Jom Kippur.

Auf dem Platz vor der Westmauer drängen sich die Menschen. In kleinen Gruppen beten sie die für diesen Tag festgelegten Texte, die – übersetzt ins Deutsche oder Englische – für uns überraschend vertraut sind. Die psalmenartigen Gebete lassen mich große Nähe spüren.

Unvergeßlich wurde mir Jom Kippur aber erst durch eine Jüdin, mit der ich immer wieder zusammentraf. Sie konnte nur schwer verkraften, daß mein Interesse und meine Zuneigung nicht nur Juden und Christen galt, sondern auch Muslimen. Und sie ließ es mich durch Sticheleien und unversteckte Feindseligkeit spüren.

Um so mehr überraschte sie mich, als sie vor Jom Kippur anrief und mich bat, ich möge ihr verzeihen, daß sie mir das Leben oft so schwer gemacht habe.

Selten habe ich mich so eingebunden gefühlt in den Kreis unserer jüdischen Glaubensverwandtschaft – und ich wünschte mir, daß es unseren Buß- und Bettag noch gäbe: als Aufforderung, über unser Verhalten gegenüber anderen nachzudenken und Beziehungen in Ordnung zu bringen.

Kostbare Worte

Immer wieder habe ich erlebt, wie in Situationen, die nur schlimm und schwierig erschienen, Überraschendes, ja Beglückendes geschehen konnte.

Mein Mann hatte in einem Jerusalemer Seniorenheim einen Vortrag halten sollen. Doch er mußte dringend in die Westbank fahren.

Ich sprang für ihn ein. Seinen Vortrag konnte ich in der kurzen Zeit nicht übernehmen. In Eile entwarf ich deshalb ein eigenes Konzept: »Brückenerfahrungen und Brückenfunktionen« – ein sehr ergiebiges Thema in diesem Land.

Mitten in meinem Erzählen sprang eine Frau auf und rief in den Saal: »Sie sind ja pro-palästinensisch!« Ich erschrak, antwortete aber ruhig: »Ja, ich bin pro-palästinensisch, so, wie ich pro-israelisch, pro-jüdisch, pro-christlich und pro-muslimisch bin, weil ich pro-menschlich sein möchte.«

Selten zuvor und selten danach habe ich eine so konzentrierte, offene Zuhörerschaft gehabt. In der Diskussion schonte man mich nicht. Und längst nicht alle meine Antworten waren so, wie meine Zuhörer sie sich gewünscht hätten. Es wurde deutlich, daß sehr vieles, was ich durch meine allwöchentlichen Fahrten in die besetzten Gebiete aus eigener Erfahrung wußte und erlebte, gar nicht bekannt war.

Als ich das Seniorenheim verlassen hatte, hörte ich auf dem Kiesweg Schritte hinter mir. Plötzlich legte sich ein Arm um meine Schulter, und die Frau, die mich durch ihren Einwurf ›Sie sind ja pro-palästinensisch!‹ erschreckt hatte, sagte: »Bitte, bitte, verzeihen Sie mir!«

Entschuldigung

Gleich zu Beginn unserer Jerusalemer Zeit besuchten wir den Ulpan, einen Hebräischkurs, der besonders für Neueinwanderer gedacht ist und eine eigene Methodik entwickelt hat.

Es wurde weniger gelesen und geschrieben als vielmehr geredet, geredet, geredet. Bisweilen kamen wir uns wie gestopfte Gänse vor. Nur daß wir nicht mit Mais gefüttert wurden, sondern mit Wörtern. Gruppenunterricht, Singstunden, aber auch Exkursionen, Einführung in das Judentum sowie das Mitfeiern der Feste standen auf dem Programm.

Zu meiner Gruppe gehörten Japaner, ein arabischer Arzt, ein weiterer Deutscher, russische Neueinwanderer sowie eine gerade ins Land gekommene Jüdin aus Südafrika. Sie war fromm und dabei gemäßigt orthodox.

Es ergab sich, daß wir in eine Diskussion über Isaac Singer gerieten, die nur durch unsere mangelnde Sprachfähigkeit begrenzt wurde. Wie war es möglich gewesen, daß die europäischen Juden von aller Welt verfolgt wurden und in besonderer Weise durch die Deutschen?

Wann immer diese Frage gestellt wurde, haben uns die direkt Betroffenen meist in großartiger Weise, trotz unserer Herkunft, angenommen. Dennoch überkam mich jedes Mal Scham und große Ratlosigkeit über das, was mein Volk und meine Glaubensfamilie den Schwestern und Brüdern Jesu angetan haben.

Jetzt war es wieder einmal soweit. Zum Glück läutete die Glocke zur großen Pause und ich konnte mich zurückziehen.

Am nächsten Morgen begrüßte mich meine Klassenkameradin. »Du, Karl«, sagte sie, »ich weiß, daß ich dich gestern sehr verletzt habe. In meinem Morgengebet habe ich Gott bereits gesagt, daß mir das leid tut. Er weiß es, und nun sage ich es dir.«

Schalom

Der alte Herr hatte mir, im Gegensatz zu den anderen Zuhörern, nicht die Hand zum Abschied gereicht, gedankenverloren war er an mir vorbeigegangen.

Als ich meine Unterlagen zusammenpackte, kam er zurück. Er schnappte sich einen Stuhl, so, wie es mein Vater getan hatte, wenn er mir bei den Hausaufgaben über die Schulter schauen wollte, und setzte sich an den Tisch. Er bedeutete mir, mich ebenfalls zu setzen.

›Was kommt jetzt?‹ fragte ich mich. ›Hoffentlich nicht wieder ein Versuch, mich von dieser oder jener politischen Meinung zu überzeugen!‹

Ich schaute in ein gütiges, wenn auch sehr ernstes Gesicht und merkte, wie ich mich entspannte.

»Haben Sie etwas Zeit für mich? Ich möchte ein Problem mit Ihnen besprechen.«

Sein Deutsch war makellos. Jedenfalls würde es keine Verständigungsschwierigkeiten geben!

»Bis vor drei Jahren habe ich in einem Kibbutz gelebt«, begann er, »nicht orthodox, nicht gerade säkular. Unsere Religion gehörte zu unserem Leben.

Vor einigen Jahren kam ein deutsches Mädchen als Volontärin zu uns. Ein wunderbares Wesen. Jeder mochte sie. Einer unserer jungen Leute verliebte sich und warb um sie. Die Liebe war nicht einseitig, und wir alle sahen die beiden bereits als Brautpaar. Aber dann reiste sie ab.

Sie hätte für eine Heirat zum Judentum konvertieren müssen. Sie wissen ja, bei uns wird der Glaube über die Mutter weitergegeben. Das wollte sie nicht. Ihr war ihr eigener Glaube wichtig.

Die beiden haben korrespondiert, und ein gutes Jahr später kam sie zurück. An ihrer Klarheit, daß sie ihren Glauben nicht aufgeben könne, hatte sich nichts geändert.

Schließlich ging der junge Mann mit ihr nach Deutschland. Er fand Arbeit, und sie heirateten. Inzwischen haben sie zwei Kinder.

Und jetzt kommt das Problem: Die Kleinen sind weder Juden noch Christen. Wohin gehören sie?«

»Ich glaube, daß Gott mit so etwas besser umgehen kann als wir Menschen«, war meine spontane Reaktion.

Ich sah die Traurigkeit in seinen Augen; er litt, als wären die Kinder seine eigenen Enkel. Er fühlte sich verantwortlich.

Warum war er mit diesem Problem gerade zu mir gekommen? Natürlich, ich war eine Deutsche, und als Ehefrau des Propstes, als die ich vorgestellt worden war, konnte er vermuten, daß ich gläubig sei.

Tief in mir spürte ich, daß ich diesem Mann von mir selbst erzählen mußte, um ihm die Sorge aus seinem Herzen zu nehmen.

Und ich erzählte ihm, daß ich selbst aus einer Familie stamme, in der Vater und Mutter unterschiedlichen Konfessionen angehörten. Ich bin als Kind nicht getauft worden, denn unsere Eltern hatten beschlossen, daß ihre Kinder einmal selbst entscheiden sollten, zu welcher Konfession sie gehören wollten. Wir bekamen religiöse Begleitung durch unsere Eltern und durch die Schule.

Aber ich brauchte meine Zeit. Mit fünfundzwanzig Jahren wußte ich schließlich, welchen Weg ich gehen sollte und wollte. Ich war mir sicher: Es war nicht allein mein Weg, sondern auch Gottes Weg in mir.

Der alte Herr schwieg, lächelte, drückte meine Hand und sagte leise: »Schalom.«

Tischgemeinschaft

Bei einem ihrer regelmäßigen Besuche im Heiligen Land luden Johannes und Christina Rau die Oberhäupter der wichtigsten christlichen Kirchen in Jerusalem zu einem Abendessen ein. Die Ehefrauen der Geistlichen waren, soweit vorhanden, mit eingeladen.

An diesem Abend saß mein Mann nicht an meiner Seite, denn Johannes Rau hatte ihn gebeten, als Dolmetscher einzuspringen und seine Rede ins Englische zu übersetzen. Das klappte auf eine lebendige, humorvolle Weise.

Ich selbst bekam erst einmal einen gehörigen Schreck, als ich die Sitzordnung erkannte: Mein Tischherr sollte der griechisch-orthodoxe Erzbischof Timothy sein! Tischnachbar bedeutet Tischgespräch. Über was redet man mit einem Erzbischof?

Daß der liebe und vertraute Abt der Benediktinerabtei mir gegenüber saß, mit dem ich mich immer gern unterhielt, nützte mir wenig. Die Tische waren so breit, daß sich die Verständigung auf Gesten und Zulächeln beschränken mußte. Pech! Erschwerend war zudem, daß ich am Tischende saß und deshalb keinen zweiten Tischherrn hatte. Natürlich hatte ich Fragen an den Erzbischof, aber wie leicht kann man ins Fettnäpfchen treten!

Wir Lutheraner, wie alle Protestanten, sind für die Griechisch-Orthodoxen als Kirche ja nicht ebenbürtig. Zudem bin ich keine Theologin, sondern »nur« Pfarrfrau…

Ich erinnerte mich, daß wenige Wochen zuvor, unter beträchtlichem Protest der konservativen Vertreter ihrer Kirche, die ersten anglikanischen Theologinnen zu Pfarrerinnen ordiniert worden waren. Das war doch ein Thema!

»Können Sie sich vorstellen, daß es auch in der griechisch-orthodoxen Kirche in einigen Jahrhunderten Pfarrerinnen geben wird?« fragte ich.

»Never«, war die klare knappe Antwort meines Tischherrn. Sein Schweigen ließ vermuten, daß ich das gefürch-
tete Fettnäpfchen erwischt hatte.

»Sie müssen das verstehen«, erklärte ich, »bei uns sind
Pfarrerinnen selbstverständlich und gleichwertig zu ihren
männlichen Kollegen.«

Schweigen. Doch dann verwandelte sich Erzbischof Timothys Gesicht. Ihm war plötzlich klar, daß ich die Ehefrau
des Propstes war. Den schätzte er sehr, wie ich umgehend
erfuhr. Ich bekam einen Bonus durch meinen Mann und
eine erste Portion Wohlwollen. Von da an wünschte ich
nicht mehr die Tischreden herbei, die alle anderen Gespräche unterbrachen. Es gab genug Themen. Ich bekam
in einem lebendigen Lebensbericht Einblicke in Bischof
Timothys Kindheit und Jugend, erfuhr von seiner frühen
Zielsetzung, ins Kloster zu gehen und irgendwann einmal
Bischof zu werden. Ich konnte ihn mir lebhaft vorstellen,
wie er als kleiner Junge mit schwarzem Umhang auf einem
Stein stand und zu seinen Kameraden predigte.

Er berichtete stolz von seinen Schwestern, die für die
besondere Qualität und Schönheit seiner klerikalen Gewänder sorgten, und ich spürte Stolz und auch Sehnsucht
nach der griechischen Heimat.

Und dann waren wir unversehens bei den Problemen
innerhalb seiner Kirche und denen des Landes.

Als wir beim Nachtisch angelangt waren, wählten wir
unterschiedlich: Obstsalat für mich, Mango-Törtchen für
ihn.

Mein Tischherr war still und genoß. Plötzlich schob er
mir seinen Teller zu und forderte mich auf: »Das müssen
Sie probieren! Etwas Köstlicheres gibt es nicht!« Ich pro-
bierte und – im Vergleich zu meinem Obstsalat – hatte er
recht.

So teilten wir uns seinen Nachtisch, und ich dachte an
die uns verwehrte Gemeinschaft am Tisch des Herrn…

Scheich Radj Abdo

Scheich Radj Abdo kam überraschend um die Mittagszeit. Es war selbstverständlich, daß er zum Essen bleiben würde. Mein Mann vergewisserte sich telefonisch bei mir über den Speisezettel. Nein, es würde nichts vom Schwein geben und keinen Alkohol, nicht einmal im Nachtisch.

Der Scheich war eine Art Paradiesvogel; schon mit seiner Kleidung fiel er aus dem Rahmen. Natürlich trug er als Zeichen, daß er auf der Haddsch gewesen war, das weiße Strickkäppchen. Über seiner weißen Galabie, dem Untergewand, trug er den Burnus, einen beigen Wollumhang, mit goldblauer Litze eingefaßt.

Mein Mann hatte Scheich Radj Abdo bei interreligiösen Gesprächen kennengelernt; es hatte ihm Eindruck gemacht, daß sich der Muslim die Aufgabe gestellt hatte, die Friedenslinien im Koran herauszuarbeiten.

Die Begegnung mit diesem Glaubensmann wollte der Propst seinen theologischen Mitarbeitern nicht vorenthalten. Deshalb hatte er in aller Eile den Pfarrvikar mit Ehefrau, unseren Praktikanten, einen Theologiestudenten, und die Organistin, die gerade im Haus war, informiert.

Eine fröhliche Runde fand sich zum Essen ein.

»Es gibt Tischgebet bei uns«, sagte mein Mann, bevor wir uns setzten.

Wir waren gespannt. Wie würde der Scheich reagieren?

»Tischgebet«, erwiderte der, »ist kein Problem. Auch wir segnen das Essen. Fangen Sie als Hausherr an. Dann bete ich.«

Wir begannen unser doppelt gesegnetes Mahl.

Die Gespräche waren so offen und selbstverständlich, daß wir wieder einmal die Abwehr nicht begreifen konnten, die wir so oft in der Beziehung zwischen Christen und Muslimen zu spüren bekamen.

Immer wieder erlebten wir sonst Zögern, wenn das Gespräch auf religiöse Themen kam, und wir empfanden zwei unterschiedliche Haltungen: »Zum Glauben gehören Beten und Bekennen. Also bekennt euch!« sagten die einen zu uns. Andere betonten dagegen, wir sollten unser Christsein den anderen Religionen nicht aufdrängen und uns zurückhalten.

In diesem Tischgespräch aber fühlte sich keiner bedrängt. In die Herzlichkeit, mit der Scheich und Propst einander begegneten, waren wir alle mit eingeschlossen.

Zum Abschluß wurde die Mahlzeit noch einmal gesegnet. Wieder sollte mein Mann beginnen. Erst da begriff der Christ, daß die Reihenfolge mit Bedacht erbeten war: Da sich der Islam als Endstufe der Offenbarung Gottes versteht, hatte es für den Scheich eine tiefe Bedeutung, im Gebet das letzte Wort zu haben.

Beim Abschied legte Scheich Radj Abdo meinem Mann die Hand auf die Schulter. »Propst«, sagte er, »dich würde ich gern zum Muslim machen!«

»Und ich dich, Scheich, so gern zum Christen«, war die Antwort.

Friedensbemühungen

In Beit Sahour, zwischen Bethlehem und den Hirtenfeldern, gibt es eine christliche Friedensgruppe. Die hat schon zur Zeit der ersten Intifada etwas Interessantes getan: Christliche Familien haben jüdische Frauen und Männer aus Jerusalem über das Wochenende eingeladen.

»Das hat uns verändert«, sagte einer zu mir. »Wir konnten nämlich nicht mehr einfach von ›den Juden‹ reden und diese nicht mehr pauschal von ›den Arabern‹. Wann immer wir dies versuchten, stand ein Name und ein Gesicht dazwischen.«

Als ich zurückfragte: »Warum habt ihr das getan?«, kam zunächst die erwartete Antwort: »Weil wir Christen sind.« Dann aber folgte keines der großen Worte der Bibel. Es kam vielmehr der aufs erste ernüchternde Satz: »Auch wir wollen die Besatzer loswerden. Aber wir brauchen unseren Kampf um Befreiung nicht mit dem Heiligen Krieg zu verbinden.«

Nach einigem Nachdenken habe ich begriffen, daß jener Mann von etwas Großartigem sprach. Man könnte es, etwas geschwollen, die entideologisierende Kraft des Glaubens nennen.

Die Leute von Beit Sahour und ihre Jerusalemer Gäste blieben gute Israelis und nationalbewußte Palästinenser. Zugleich aber konnten sie ganz praktisch denken. Der Glaube vernebelte ihren Verstand nicht, wie dies Ängste und Ideologien meist tun. Er setzte den Verstand vielmehr in Bewegung. Sie konnten nüchtern überlegen, ob es am Ende nicht wirksamer ist, Partner auf der anderen Seite zu finden, als durch Gewalt neue Feindschaft und neuen Haß zu erzeugen.

Rabbi Piron

Gern hätten wir uns persönlich voneinander verabschiedet und ich mich ganz offiziell bei ihm bedankt. Im Herbst 2001 war es ihm jedoch nicht erlaubt, vom jüdischen Viertel der Jerusalemer Altstadt zum christlichen Viertel zu gehen.

Denn ›Christliches Viertel‹ heißt für den Staat und für die Stadt: Arabisches Viertel. Es zu betreten war in jenen Zeiten für einen Juden nicht ganz ungefährlich.

Rav Piron war nicht nur Jude, er war Militärrabbiner, noch dazu im Generalsrang.

Dreimal habe ich versucht, ihn zu besuchen, immer hatte ich Pech. Es hat einfach nicht geklappt.

Dabei war unsere Beziehung überraschend und beglückend gewesen, und die Verbindung zur Erlöserkirche besteht immer noch.

Während seines Staatsbesuchs im Heiligen Land hatte der damalige deutsche Bundespräsident, Johannes Rau, Vertreter der Kirchen, aber auch Repräsentanten der anderen monotheistischen Religionen zu einem Gespräch über Möglichkeiten des Zusammenlebens eingeladen.

Bei diesem Treffen lernte ich den Rabbiner Rav Piron kennen. Natürlich wollte der Rabbi wissen, mit wem er es zu tun hatte. Freundlich hörte er sich die Geschichte der Erlöserkirche an. Er erkundigte sich nach der Zusammensetzung der Gemeinde. Geradezu elektrisiert reagierte er aber auf den Bericht vom »Studium in Israel«. Daß angehende deutsche Pfarrerinnen und Pfarrer Talmud studieren, um in ihrer späteren Tätigkeit den jeweiligen Kirchenbezirken als Fachleute für Judaistik zur Verfügung zu stehen, fand er eine sehr, sehr gute Idee. Noch nach Wochen war ihm das Erstaunen über »Studium in Israel« abzuspüren. Aus unseren Gesprächen entstand der Gedanke, am Sonntag nach dem Gottesdienst in den Räumen des Rabbiners über jüdische und christliche Schriftauslegung zu sprechen. Es fand sich sofort eine Gruppe Gemeindeglieder, die engagiert mitmachten. Es wurde gearbeitet, diskutiert und dokumentiert.

Eines Tages überraschte uns Rav Piron mit der Einladung zum Essen. Es sollte sein wie Pflicht und Sabbat, Arbeit und Feier.

Man sagt, koscheres Essen schmecke nicht. Wer aber einmal Gast bei Rabbi Piron war, wurde eines besseren belehrt.

Menschlichkeit

Nichts braucht das Heilige Land nötiger als Menschen, die Grenzen überschreiten, Menschen, die so frei sind, daß sie das Risiko nicht abwägen, sondern einfach tun, was sie als gut und gerecht erkannt haben.

Er heißt Husseini, ist Moslem und lebt in einem Dorf bei Bethlehem. 1948 wurde er in einem Flüchtlingslager geboren. In seiner Familie gab es viele Kinder, und das Geld war knapp. Aber Husseini hatte Glück. Er durfte lernen und fand eine Arbeit. Schließlich konnte er sogar ein Haus bauen für sich und seine Familie. Doch anders als mancher, der sich seiner Herkunft schämt, vergaß er die Menschen nicht, die bis heute in Flüchtlingslagern leben müssen. Er öffnete sein Haus und machte es zu einem Kindergarten für die Kinder aus dem Lager. Er fand Freunde, die ihn bei der Arbeit unterstützten, auch Christen und Juden, die wie er daran glauben, daß Gott jedem Menschen die gleiche Würde gegeben hat und daß man Kinder zum Frieden und nicht zum Haß erziehen soll. In seiner Umgebung allerdings gab es auch solche Menschen, die anders dachten, die nicht verstanden, warum er manchmal jüdische Gäste in sein Haus lud. Sie warfen Steine in seine Fenster und zerstachen die Reifen des Busses, mit dem er morgens die Kinder abholte. Mit Drohungen versuchten sie, ihn einzuschüchtern.

Eines Tages rief uns ein Jerusalemer Freund an, ein Jude, und bat um Hilfe. Husseini sei ins Krankenhaus eingeliefert worden und habe eine schwere Herzoperation hinter sich. Gott sei Dank, er sei auf dem Weg der Besserung, aber nun müsse die Rechnung für das Krankenhaus bezahlt werden. Husseini habe keine Versicherung. Ob unsere Gemeinde vielleicht mithelfen könne, die hohe Summe aufzubringen.

Auch dieser jüdische Freund stößt bei vielen auf Unverständnis und Ablehnung, weil er sich ausgerechnet für einen Palästinenser einsetzt – einen Feind. Er nimmt es in Kauf. Und er ist sich nicht zu fein, persönlich an viele Türen zu klopfen, um für seinen muslimischen Freund Hilfe zu erbitten.

Ehrfurcht

Auf dem Altar der Erlöserkirche liegt eine aufgeschlagene Bibel. Eines Tages beobachtete ich, wie ein orthodoxer Mönch die Kirche betrat. Langsam ging er auf den Altar zu.

Ich hielt den Atem an. Was würde er tun? Würde er uns, durch was auch immer, spüren lassen, daß wir in seinen Augen Ketzer sind?

Er aber verbeugte sich vor dem Kreuz, neigte sich über das Buch und küßte es.

Die Ehrfurcht, mit der sich der orthodoxe Priester dem Altar einer anderen Kirche näherte, hat mich tief beeindruckt. Gleichzeitig hat sich mir die Frage gestellt, was orientalische Christen in unserer Nachbarschaft, aber auch, was Juden und Muslime, die ihren Körper ganz anders ins Gebet einbringen als wir, von uns knochentrockenen Protestanten halten, für die Verneigen ungewohnt, Knien etwas Fremdes und das Kreuzschlagen geradezu ketzerisch ist.

Eines Abends haben wir den griechisch-katholischen Erzbischof Lutfi Laham, der uns freundschaftlich verbunden ist, gefragt, wie weit er sich in unserer Kirche zu Hause fühle.

»Mir fehlen die Ikonen«, gab er zur Antwort. »Darum gibt es in euren Gottesdiensten keinen Himmel, der zuschaut und keinen Chor der Engel und Propheten, der mitsingt.

Aber es gibt das Buch, das im Zentrum der Liturgie, ja im Mittelpunkt des ganzen christlichen Glaubens steht.«

Wenn der Priester im katholischen Gottesdienst das Evangelienbuch küßt, wenn in der Liturgie der orthodoxen Kirche die Heilige Schrift in einer feierlichen Prozession durch den Kirchenraum getragen wird, wenn im Mittelpunkt des evangelischen Gottesdienstes die Auslegung der Schrift steht, dann sind dies Zeichen, Zeichen der Ehrfurcht und des Respekts.

Den erfahren die Heilige Schrift und die Religionen des Buches auch von Muslimen.

Oft kommen sie in die Erlöserkirche, vor allem Frauen. Sie ruhen aus und manchmal säugen sie ihre Kinder. Vermutlich liegt es an diesem Buch, der aufgeschlagenen Bibel auf dem Altar, daß sie sich überhaupt in eine Kirche begeben.

Hier gedenken wir

In Jerusalem begegnen mir viele Menschen auf der Suche nach dem Glauben. Manche meinen, ihm im Heiligen Land näher kommen zu können – und sind enttäuscht. Sie begegnen konkurrierenden heiligen Stätten und dabei einem oft unheiligen Rummel. Manchen erscheint es, als hätten die Kirchen oder Kapellen, die über besonderen Orten errichtet wurden, den Geist der Ursprünglichkeit erstickt.

Eine kleine Begebenheit hat sich mir tief eingeprägt: Ich machte meinen Antrittsbesuch beim armenischen Patriarchen. Im Anschluß daran führte mich einer der Priester durch das Gelände. Ich durfte die Kirche sehen, eine der ältesten Kapellen und den Innenhof.

Dort zeigte mir mein Begleiter einen Ölbaum und sagte: »Das ist der Baum, an dem der Esel angebunden war, auf welchem Jesus in die Stadt Jerusalem einritt.«

Kurze Zeit danach deutete er auf ein Fenster. »Dahinter fand das Verhör vor dem Hohen Rat statt. Von hier aus konnte man alles mitverfolgen.«

Mir wurde leicht unbehaglich. Ich wußte nicht, wie ich mich verhalten sollte. Hatte ich freundlich zu nicken? Oder durfte ich leise Zweifel anmelden?

Da blieb der Priester stehen, lächelte und sagte: »Wir wissen ja nicht, ob es hier wirklich war. Aber hier gedenken wir.«

Der Glaube braucht, wenn er nicht leiblos werden will, Orte, an denen die Erinnerung Gestalt gewinnen kann.

Es gibt viele, die erzählen, wie im Zusammenklang von Wort und Ort, von Landschaft und zugehöriger Geschichte, ihr Glaube plastischer wurde, wie er an Tiefe und Farbe gewann.

Einheit der Christen

Eine der schönsten Erfahrungen in Jerusalem war für mich die alljährliche Woche für die Einheit der Christen. An sieben Tagen fanden in sieben verschiedenen Kirchen der Altstadt Gottesdienste statt. Zu denen kamen nicht nur die Leute der Basis, von denen man ja zuweilen überzeugender erfährt, daß ihnen die Einheit und das Miteinander aller, die an Christus glauben, am Herzen liegt.

Zu den Gottesdiensten kamen Vertreter fast aller Kirchen: Armenier, Kopten, Syrer, sogar einige griechisch Orthodoxe. Da waren die Leiter der katholischen Gemeinden, der Kirchen der Reformation und Mitglieder der unterschiedlichsten Glaubens- und Klostergemeinschaften: Benediktiner, Franziskaner, russische Nonnen und Mönche, die evangelischen Marienschwestern, die Schwestern von Grandchamp, die Brüder der Jesusgemeinschaft... Und da waren auch Judenchristen, Messianische Juden.

Jeder Gottesdienst hatte seinen eigenen Charakter und wurde in der Liturgie der Einladenden gehalten.

Die Predigt war meist ins Englische übersetzt, und Liedblätter machten das gemeinsame Singen möglich. Auch wenn man von der Sprache her nur wenig versteht – das Herz kann mitfeiern und mitbeten.

Die Gebete waren sehr real gemeinsam, vor allem das Vaterunser, denn die Texte wurden in vielen Sprachen des Orients und der ganzen Welt gesprochen, Sprachen, von denen ich nur wenig oder gar nichts verstand.

Und doch begriff ich gerade dadurch, was Heiliger Geist bedeutet: Gemeinsame Hinwendung zu Gott, Füreinander und Miteinander.

Glocken für den Patriarchen

Erzbischof Lutfi Laham, Bischof der griechisch-katholischen Kirche, ist nicht nur einer der gebildetsten Bischöfe im vorderen Orient. Seine Mehrsprachigkeit hilft, Brücken zu schlagen in viele Länder und zu den unterschiedlichsten Kirchen.

Bischof Laham hat es sich zur Pflicht gemacht, seine Gemeindemitglieder zu Hause zu besuchen. Ein Bischof macht Hausbesuche – das geschieht nicht alle Tage!

Am Sonntag gilt sein Besuch nicht zunächst der eigenen Gemeinde, sondern den anderen Kirchen. In der Anastasis geht er von Altar zu Altar. Er verweilt. Er betet mit. Dann kehrt er zurück in seine Kirche. Nicht in dem stolzen Bewußtsein, besser zu sein als die übrige Christenheit. Er hat vielmehr den Eindruck, aufgeladen zu sein mit dem Glauben der anderen. Den will er seiner Gemeinde zum Sonntagsgeschenk machen.

Von seiner Kirche kam eines Tages ein Anruf. Der Bischof selbst war am Apparat. Er sei in Not, sagte er. Er erwarte den Besuch seines Patriarchen.

Nun ist es in Jerusalem üblich, daß besondere kirchliche Gäste am Jaffa-Tor von Vertretern der anderen Kirchen begrüßt werden. Unter dem Läuten der Glocken zieht man dann in die jeweilige Kirche zum Gottesdienst. Auf dem erwarteten Besuch des Patriarchen lag ein Schatten: das Läutwerk der griechisch-katholischen Kirche war defekt.

»Wir sind doch Nachbarn«, sagte der Bischof, »könntet ihr eure Glocken für unseren Patriarchen läuten?«

Wir stimmten von Herzen zu. Da aber der hohe Gast eine dreiviertel Stunde zu spät kam, läuteten die Glocken der evangelischen Erlöserkirche zu seiner Begrüßung fünfundvierzig Minuten lang.

Evangelischer Strom

Schon früh am Morgen klingelte das Telefon. Unser sprachbegabter und tüchtiger Rezeptionist flüsterte mir aufgeregt durch den Hörer zu, Vertreter der alten orientalischen und orthodoxen Kirchen hätten sich im Vorraum der Propstei versammelt. Sie wollten mich sprechen.

Mit eiligen Handgriffen räumte ich Papiere und Bücher zur Seite und zog mir den Lutherrock über. Bei solchen Gästen, dachte ich, sei das angebracht.

Dann beeilte ich mich, die Besucher abzuholen. Bereits die ersten Sätze machten klar, warum so viele Bischöfe zusammen gekommen waren: Es ging um die Beleuchtung der Grabeskirche. Häufiger Spannungsabfall ließ allzu oft das Licht dort ausgehen und gefährdete die Besucher.

Zwischen der Martin-Luther-Schule und dem Propsteigebäude befindet sich seit vielen Jahren ein Transformator. Die Frage lag nahe, ob die Protestanten bereit seien, ihn zu erweitern. Es könnte auf diese Weise der ärgerliche und gefährliche Zusammenbruch des elektrischen Systems in der Anastasis verhindert werden.

Die deutschsprachige Gemeinde hatte keine Einwände, auch die Zustimmung der Vertreter der Jerusalem-Stiftung, die Eigentümerin der Liegenschaften ist, kam umgehend. Als Bezahlung wurde die einmalige Summe von 99 $ festgelegt.

Dann dauerte es jedoch noch ein ganzes Jahr, bis alle offenen Fragen der Installation und der zukünftigen Eigentumsrechte geklärt waren. Seitdem aber erleuchtet evangelischer Strom den heiligsten Ort der Christenheit.

Ernstgenommenwerden

Seit langem war es im Gespräch: Papst Johannes Paul II. würde das Heilige Land besuchen. Nach der Aufnahme diplomatischer Beziehungen zwischen dem Staat Israel und dem Vatikan war der Besuch überfällig. Dennoch erzeugte dies nicht nur Freude, sondern auch Unbehagen. Wie würde der Papst kommen? Als Bruder derer, die es mit ihrem Christsein gegenwärtig schwer haben, oder als römischer Kirchenfürst?

Der Papst betonte, seine Reise sei eine Pilgerfahrt. Der Prüfstein für seine Haltung würde die Begegnung mit dem griechischen Patriarchen sein. Das Treffen gelang. Es war bewegend, die beiden alten Männer zu erleben, die beide, auf unterschiedliche Weise von ihrer Krankheit gezeichnet, sich in einem brüderlichen Geist begegneten.

Der Papst überzeugte als Pilger, und das machte ihn glaubwürdig. Es brachte ihm darüber hinaus die Anerkennung der arabischen Bevölkerung Jerusalems ein.

Gegen Ende der Reise wäre es beinahe zum Eklat gekommen, als der Papst darauf drängte, nach der Mittagspause auf dem Golgatha-Hügel zu beten.

Der verantwortliche israelische Offizier wollte ihn davon aus Sicherheitsgründen – wie das Zauberwort in Israel heißt – abbringen. Der Papst gab jedoch zur Antwort, er würde Jerusalem erst dann verlassen, wenn er auch an der Kreuzigungsstätte gebetet habe.

»Was hast du nur für einen Chef!« soll der israelische Sicherheitsoffizier zum Nuntius gesagt haben. »Der hat ja einen harten Schädel.«

Der Papst durfte schließlich in der Grabeskirche beten, obwohl die Sicherheitsmaßnahmen bereits heruntergefahren waren.

Die Bevölkerung der Altstadt, die man in ihrer Bewegungsfreiheit so eingeschränkt hatte, daß sie nicht einmal von den Fenstern aus das Geschehen verfolgen konnte, staunte, wie sich der Papst gegen die staatliche Macht durchzusetzen verstand.

Am Abend begleiteten ihn Vertreter verschiedener christlicher Kirchen zum Flugplatz. Auch Frauen durften dabei sein – in gebührendem Abstand.

Als meine Frau und ich nach Jerusalem zurückkamen,

begegneten uns in der Christian-Quarter-Road zwei junge muslimische Ladenbesitzer.

»Congratulation to the Pope!« riefen sie und schüttelten uns die Hand. Das sei schön, sagte ich, aber sie wüßten doch, daß wir Protestanten seien. »Das ist nicht so wichtig«, gaben sie zurück, »der Papst hat Punkte für die ganze Christenheit gesammelt.«

Auf die Frage, was sie an ihm so angesprochen habe, antworteten sie: »Er hat uns das Gefühl vermittelt, daß er uns ernst nimmt.«

Schwesterliche Nähe

Kurz vor Jerusalem hielt das Gruppentaxi zum letzten Mal. Eine Frau stand am Straßenrand und schaute ins Auto hinein. Da der Platz neben dem Fahrer und die Sitzreihe dahinter mit Männern besetzt waren, öffnete sie die hintere Tür. Ich rutschte in die Mitte, dicht an die gewichtige Mutter, die ihr Baby auf dem Schoß wiegte.

Es wurde eng, aber das ist nicht ungewöhnlich. Außerhalb der Stadt und in Ost-Jerusalem sind die Kontrollen der Verkehrspolizei ohnehin selten.

Die Männer waren in lebhaftem Gespräch. Wir Frauen schwiegen. Ich war in meine Gedanken vertieft. Plötzlich entdeckte ich auf der rechten Hand der Frau, die zugestiegen war, ein kleines tätowiertes Kreuz. Sie merkte, daß ich nachdenklich dieses Kreuz betrachtete.

»Ich bin Christin«, sagte sie auf Arabisch.

»Ich auch«, antwortete ich. Sie strahlte, griff nach meiner Hand, und für den Rest unserer gemeinsamen Fahrt saßen wir Hand in Hand.

Nachgedanken

Wenn ich auf dem Dach des Kreuzganges stehe, sehe ich die goldene Kuppel des Felsendoms. Darunter ahne ich die Klagemauer und die betenden Juden. Dahinter und darüber erstreckt sich der Ölberg mit den beiden weithin sichtbaren Türmen der russischen Himmelfahrtskirche und der deutschen. Optisch sind also die drei abrahamitischen Religionen beisammen.

Akustisch sind sie eher gegeneinander, wobei die Juden die leisesten sind. Nur zwischen Rosch Ha Shana, dem Neujahrstag, und dem großen Versöhnungstag ist das Schofar zu hören.

Die Sabbatsirene, mit der der Ruhetag angekündigt wird, dringt dagegen nicht vom ultraorthodoxen Stadtteil Mea Shearim bis in die Altstadt.

Die Glocken der Grabeskirche dröhnen täglich mehrfach, und der Muezzin ist gleich fünfmal am Tag zu hören.

In den ersten Wochen unserer Zeit in Jerusalem hat er uns regelmäßig aus dem Schlaf gerissen. Die Zeiten, in denen er selbst auf dem Minarett stand, und die menschliche Anatomie der Lautstärke Grenzen setzte, sind längst vorbei. Heute geht alles über Lautsprecher. Die Phonstärke ist häufig Teil eines akustischen Krieges mit den jüdischen Siedlern in der Altstadt.

Der erste Muezzin, so habe ich gelesen, war ein freigelassener Sklave, der zwischen 623 und 624 anfing, die Gläubigen zur Andacht zu rufen.

Vermutlich wurde die Einladung zum Gebet in der heutigen Form erstmals um 1300 in Kairo gesungen. Dabei standen die liturgischen Gesänge der koptischen Kirche Pate.

Der Muezzin beginnt mit der Rezitation von Versen aus

dem Koran. Es folgt das Bekenntnis zum einen Gott und zu Mohammed, seinem Propheten. Dann kommt der Aufruf: »Erhebt euch, kommt zum Gebet.« oder am Abend: »Jetzt ist es besser zu beten als zu schlafen.«

Gebet und öffentliches Bekenntnis

Eines Mittags fuhr ich zu unserer Himmelfahrtkirche auf den Ölberg. Diese befand sich damals im Umbau. Auf der der Straße abgewandten Seite eines Hauses sah ich zwei Bauarbeiter. Sie verneigten sich, knieten nieder und erhoben sich wieder. Zunächst habe ich gedacht: Was machen die denn? Bis mir einfiel, daß es Mittag war, Zeit zum Gebet.

Ich war beschämt. Nicht nur, weil ich so lange gebraucht hatte, um zu begreifen, was hier vor sich ging. Ich habe mich zugleich gefragt, welcher Christ so selbstverständlich seinen Tag vom Gebet bestimmen lassen würde.

Und wer würde es so ungeniert wagen, in der Öffentlichkeit zu beten? Wohlgemerkt, ohne sich zur Schau zu stellen, aber auch ohne falsche Scheu?

Als ich kurze Zeit danach zum Besuch unseres Gemeindeteils in Amman nach Jordanien fuhr, konnte ich erleben, wie beinahe ein ganzes Volk den Fastenmonat Ramadan beging. Als Zeichen der Hingabe und des Gehorsams, aber, wie uns gesagt wurde, auch um das soziale Gewissen zu schärfen, weil im Ramadan selbst die Reichen spüren, was Hunger ist.

In Deutschland habe ich gelegentlich gehört, das seien doch alles Äußerlichkeiten. Aber wer von uns würde Entsprechendes für sein Christentum tun? Wer lebt eine vergleichbare Hingabe? Wer zeigt, und sei es auf völlig andere Weise, daß ihm sein christlicher Glaube wichtig ist?

Meine erste Begegnung mit dem Islam ist also mit einem nicht unerheblichen Stück Beschämung verbunden.

In Deutschland ist es immer mehr Mode geworden, der Kirche am Zeug zu flicken. Das hat sie ja unter Umständen auch verdient.

Ich frage mich jedoch, ob es ähnlich selbstverständlich ist, sich zu Glaube und Kirche zu bekennen und etwa zu sagen: Ich gehöre dazu, nicht weil mich alle Pfarrer, Bischöfe oder Kirchenverwaltungen begeistern, sondern weil mir der Glaube wichtig ist und weil dieser die Gemeinschaft sucht.

Die Zukunft des Christentums in Europa, so sagte mir vor einiger Zeit ein Palästinenser, hänge davon ab, wie sehr die Glaubenden zu ihrem Glauben und zur Gemeinschaft dieses Glaubens stehen.

Wo das nicht geschieht, fügte er hinzu, wird das Christentum vom Islam verdrängt werden. »Es liegt alles an der Hingabe.«

Begegnungen mit dem Judentum

Unsere erste Begegnung mit einer jüdischen Gemeinde in Jerusalem geschah zum Sabbatbeginn. Wir kamen recht spät, aber wir konnten noch viel von der inspirierenden Atmosphäre des Gottesdienstes erleben. Auch Frauen lasen und beteten. Kinder spielten zwischen den Erwachsenen. Zwischengesänge im Taizé-Stil bezogen uns ein. Unsere Bekannten hatten uns in eine Reformsynagoge gebracht. Wir fühlten uns fast wie zu Hause.

Wie ganz anders wirkten dagegen die Schüler der Toraschule auf uns, die sich in direkter Nachbarschaft zur Erlöserkirche befindet. Schwarz gekleidet gehen sie mit starrem Blick an uns vorbei. Nur einmal haben wir sie lachen sehen. Das war im Winter, als sie auf dem flachen Dach einen Schneemann bauten.

Ich wurde schon oft gefragt, wie es um unser Gespräch

mit dem Judentum bestellt sei. Die Frage macht mich verlegen. Denn *das* Judentum gibt es fast noch weniger als *das* Christentum.

Von Mea Shearim, dem ultraorthodoxen Stadtteil, von Kaftan und der wagenradähnlichen Pelzmütze, von Schläfenlocken und Schaufäden bis zur Reformsynagoge ist ein weiter Weg. Keiner spricht hier im Namen aller. Auch der Oberrabbiner nicht.

Eines hat mich jedoch nachdenklich gemacht. Am Sederabend waren wir bei befreundeten Juden eingeladen. Die sind nicht sehr religiös. Aber sie feiern das Fest, und sie erzählen die Geschichte vom Auszug des Volkes Israel in die Freiheit durch Gottes Kraft.

Auch viele säkulare Juden tun dies. Selbst wenn sie – wie es immer wieder in der Kibbuzbewegung geschah – die Liturgie des Abends, die Haggadah, verändern, sie lesen sie. Sie erinnern sich dabei an den biblischen Bericht. Und sie laden einander ein.

Kein Jude, auch kein Fremder, darf am Sederabend allein sein. In diesem Zusammenhang habe ich immer wieder einmal an Weihnachten denken müssen und daran, wie schwer sich viele an diesem Familienfest tun, für Fremde offen zu sein. Wir haben uns aber auch gefragt, ob die Weihnachtsgeschichte in unseren Familien eigentlich noch lebendig ist.

Ein Fest lebt von der Geschichte, an die es erinnert. Das haben wir beim Passahfest in Jerusalem erfahren.

Das führt zum zweiten, was ich vom Judentum gelernt habe: Das öffentliche und religiöse Leben in Israel wird von den Festen bestimmt. Diese haben im Regelfall eine »natürliche« Seite und eine »geschichtliche«.

So ist Passah zum einen das Fest des ersten Wurfs der Lämmer nach Regen und Kälte. Zugleich ist es das Fest, an dem des Auszugs aus Ägypten gedacht wird. Das Wochenfest, Shavuot, ist das Fest der Getreideernte, ebenso aber der Erinnerung an den Empfang der Thora. Das Laubhüttenfest im Herbst feiert die Gabe des Weines. Zugleich aber erinnert es an das Geleit Gottes in den Tagen der Wüstenwanderung.

Es gibt Juden, die sagen, daß ihnen die religiöse Seite der Feste wenig bedeutet. Aber die Feiertage werden begangen. Dabei vermittelt sich viel von ihrem Sinn.

Wer länger mit jüdischen Freunden umgeht, lernt dabei freilich auch sein eigenes Erbe tiefer zu verstehen. Das reicht vom Tischgebet mit seinen jüdischen Wurzeln, über Sonntagssitten bis hin zum Abendmahl.

Natürlich fahren säkulare Juden, Muslime und Christen auch am Sabbat Auto. Es gibt jedoch keinen öffentlichen Nahverkehr. Viele Fahrzeuge bleiben in der Garage. Die Straßen sind, verglichen mit den übrigen Wochentagen, ruhig und leer. Viele gehen zu Fuß. Die Luft wird angenehmer. Der Lärm nimmt ab.

Am Sabbat erinnert Jerusalem an die autofreien Sonntage 1972. Das ist lange her. Es hat sich ja auch nicht fortsetzen lassen. Hier erlebte ich jedoch, daß es geht. Sicher nicht ohne Murren. Trotzdem bleibt ein Tag in der Woche ausgespart, für den Gottesdienst, die Familie – aber auch dafür, daß die ganze Schöpfung aufatmen kann.

Wenn ich an die deutschen Diskussionen denke, den Schutz des Feiertags aus wirtschaftlichen Gründen aufzulockern, wenn nicht gar aufzuheben, verkenne ich das Gewicht, zumindest mancher der vorgebrachten Gründe, nicht. Jerusalem zeigt allerdings, daß mehr möglich ist, als wir denken. Es muß jedoch klar sein, daß der Ruhetag auch ein Zeichen des Glaubens darstellt. Indem sie am siebten Tag ihre Arbeit unterbrechen, bekennen Menschen, daß sie Gott ernster nehmen als die sogenannten Sachzwänge.

Der eine und dreieine Gott

Im Stundengebet der Dormitio, der Benedektiner-Abtei in Jerusalem, singen die Mönche am Ende der Psalmen: »Ehre sei dem Vater und dem Sohn und dem Heiligen Geist, dem einen Gott, von Ewigkeit zu Ewigkeit. Amen«

Mich beeindruckt dies.

Die Muslime werfen uns vor, den strengen Monotheismus aufgeweicht zu haben. Auch glaubenden Juden sind nicht nur die Bilder in Kirchenräumen ein Problem, sondern ebenso die Frage nach der Gottessohnschaft Jesu und nach dem trinitarischen Bekenntnis.

»Ich hätte euch gern zu Freunden«, hat eine aus Deutschland stammende orthodoxe Jüdin während des Essens zu uns gesagt, »aber ich weiß nicht, ob ich das darf.« – Warum? Weil ein frommer Jude zwar das Haus eines anderen Monotheisten betreten darf, nicht aber das eines Polytheisten.

Auch viele Christen tun sich mit dem Trinitarischen Bekenntnis schwer. Eine gründliche Auseinandersetzung mit diesem Herzstück unseres Glaubens tut not.

Seit ich in Jerusalem war, hat mich diese alte Frage mit neuer Leidenschaft eingeholt. Der eine Gott in drei Erscheinungsweisen, Wesenheiten, Personen – was heißt das eigentlich?

Das Bekenntnis der Kirche macht deutlich, daß Gott unvorstellbar anders ist. Er ist ganz groß und ganz klein, ganz nah und ganz fern. Er ist ich und du und wir, der Liebende, der Geliebte und die wechselseitige Liebe. So hat man bereits in der frühen Christenheit gesagt. Doch auch solche Sätze erklären nicht wirklich.

Im Heiligen Land habe ich angefangen zu verstehen, daß der christliche Glaube nicht nur eine theologische Antwort auf die Frage nach Gott sucht. In Jesus geht es ebenso sehr darum, wie ein Mensch lebt, wenn er glaubt.

Daraus ergibt sich ein besonderer Auftrag an die christlichen Kirchen und Gemeinden. Davon schrieb der Lateinische Patriarch in einem Hirtenwort zum Allerheiligentag 1993. Er betont:

»Mit dem Neuen Testament geschieht die Offenbarung des Gebotes der Liebe, die jedem Menschen gilt, selbst dem Feind. Daher gibt es für die Gewalt keinen Platz mehr... Der Begriff ›Heiliger Krieg‹ ist ein Widerspruch in sich. Es kann keinen heiligen Krieg geben. Denn die Religion muß den Menschen dazu führen, Gott zu lieben und die Kinder Gottes, die Menschen.«

Jesus, so verstehe ich dies, hat in der anstehenden Frage eine entscheidende Wende gebracht. Seit er den Sanftmütigen das Land versprochen und für seine Verfolger gebetet hat, ist es unmöglich geworden, im Namen Gottes zu töten und zu zerstören.

Das Pastoralschreiben gibt zu, daß die Religion »oft zu einem Instrument gemacht wurde, mit dem säkulare Kriegsgründe, nationale, soziale oder kulturelle, gestützt wurden.« Diese Denkweise gab es zu biblischen Zeiten. Sie gibt es auch noch heute.

Inzwischen wissen wir jedoch klarer als je zuvor, daß Gott das Gedeihen seiner Geschöpfe will und nicht deren Untergang.

»Wer im Namen der Religion Krieg führt, richtet sich gegen das Wesen der Religion. Er reduziert Gott auf das menschliche Niveau von verbrecherischen Streitigkeiten und Haßausbrüchen.«

Wie gut, daß es solche Worte gibt!

Wie schade, daß sie nicht schon in früheren Zeiten ausgesprochen wurden...

Lieferbare Radius-Bücher. Eine Auswahl

Peter Bichsel: Möchten Sie Mozart gewesen sein?
Wolfgang Erk (Hg): Viele gute Wünsche. Literarische Annäherungen
Traugott Giesen: Macht hoch die Tür
    Predigten und Kolumnen für die Weihnachtszeit
Albrecht Haizmann: Himmlisch einfach. Predigten und Andachten
Peter Härtling: Fenstergedichte
Klaus-Peter Hertzsch: Der ganze Fisch war voll Gesang
Walter Jens: Die vier Evangelien
Walter Jens: Der Römerbrief
Walter Jens: Das A und das O. Die Offenbarung
Eberhard Jüngel: Beziehungsreich. Perspektiven des Glaubens
Eberhard Jüngel: Predigten 1 - 6 (*auch einzeln erhältlich*)
Otto Kaiser: Das Buch Hiob. Übersetzt und eingeleitet
Otto Kaiser: Kohelet. Das Buch des Predigers Salomo
Otto Kaiser: Weisheit für das Leben. Das Buch Jesus Sirach
Werner Krusche: Ich werde nie mehr Geige spielen können
    Erinnerungen
Gerd Lüdemann: Das Judas-Evangelium und das Evangelium
    nach Maria. Zwei gnostische Schriften
Gerd Lüdemann / Martina Janßen: Bibel der Häretiker. Nag Hammadi
Henning Luther: Religion und Alltag
Kurt Marti: DU. Eine Rühmung
Kurt Marti: Die gesellige Gottheit. Ein Diskurs
Kurt Marti: Gott im Diesseits. Versuche zu verstehen
Kurt Marti: Die Psalmen. Annäherungen
Gerhard Marcel Martin: Das Thomas-Evangelium
Gerhard Marcel Martin: Was es heißt: Theologie treiben
Martin Scharpe (Hg): Erdichtet und erzählt I und II
    Das Alte / Das Neue Testament in der Literatur
Wieland Schmied: Bilder zur Bibel
    Maler aus sieben Jahrhunderten erzählen das Leben Jesu
Wieland Schmied: Von der Schöpfung zur Apokalypse
    Bilder zum Alten Testament und zur Offenbarung
Friedrich Schorlemmer: Die Weite des Denkens und die Nähe zu den
    Verlorenen. Einlassungen auf Texte des Evangelisten Lukas
Fulbert Steffensky: Mut zur Endlichkeit
    Sterben in einer Gesellschaft der Sieger
Fulbert Steffensky: Schöne Aussichten. Einlassungen auf biblische Texte
Fulbert Steffensky: Schwarzbrot-Spiritualität

Radius-Verlag · Alexanderstraße 162 · 70180 Stuttgart
Fon 0711.607 66 66   Fax 0711.607 55 55
www.Radius-Verlag.de   e-Mail: info@radius-verlag.de